Peter Heckert

Gedanken zum Sonntag

Peter Heckert

Gedanken zum Sonntag

Biblische Aussagen für den Alltag

Fromm Verlag

Impressum/Imprint (nur für Deutschland/ only for Germany)
Bibliografische Information der Deutschen Nationalbibliothek: Die Deutsche Nationalbibliothek verzeichnet diese Publikation in der Deutschen Nationalbibliografie; detaillierte bibliografische Daten sind im Internet über http://dnb.d-nb.de abrufbar.

Contact:
International Book Market Service Ltd., 17 Rue Meldrum, Beau Bassin, 1713-01 Mauritius
Website: www.bookmarketservice.com
Email: info@bookmarketservice.com

Gedruckt in: USA, UK, Deutschland. Dieses Buch wurde nicht in Mauritius produziert.

Imprint (only for USA, GB)
Bibliographic information published by the Deutsche Nationalbibliothek: The Deutsche Nationalbibliothek lists this publication in the Deutsche Nationalbibliografie; detailed bibliographic data are available in the Internet at http://dnb.d-nb.de.

Contact:
International Book Market Service Ltd., 17 Rue Meldrum, Beau Bassin, 1713-01 Mauritius
Website: www.bookmarketservice.com
Email: info@bookmarketservice.com

Printed in: U.S.A., U.K., Germany. This book was not produced in Mauritius.

ISBN: 978-3-8416-0098-1

Inhaltsverzeichnis

Vorwort

Gedacht ist dieser bunte Bilderbogen von „Gedanken zum Sonntag“ für Menschen, die am Sonntag nicht zum Gottesdienst gehen können, die aber doch an diesem Tag nicht ganz ohne Gottes Wort bleiben wollen. Vielleicht lesen sie eine solche Betrachtung beim Frühstück oder abends vor dem Einschlafen.
Der Sinn christlicher Verkündigung kann es nicht sein, eine biblische Geschichte ausmalend nachzuerzählen und dabei immer in der Vergangenheit zu bleiben. Das ist die Versuchung für jeden Pfarrer, weil das ja der Hauptbestandteil seiner Ausbildung war und er das kann. Aber die eigentliche Arbeit ist die Verbindung der biblischen Botschaft mit dem heutigen Leben.
Dies wurde hier versucht. Es gibt immer irgendeinen „Aufhänger“, den dann mit der biblischen Botschaft verbunden wird. Das kann eine Meldung aus der Zeitung sein oder ein Spruch aus der Talkshow oder der Ausspruch eines Bekannten oder eigene Erlebnisse.
Vor allem soll dabei das Postitive des Glaubens herausgestellt werden, die Freude am Leben und die Freude an Gott. Das Leben ist oft schwer genug. Aber es gibt auch die schönen Seiten. Und vor allem gibt es die Hilfe Gottes, auch wenn es ausweglos zu sein scheint. Deshalb soll nicht die Betrachtung des bestehende Zustandes im Vordergrund stehen, sondern der Blick auf die befreienden Zusagen Gottes.
Diese Sammlung ist entstanden aus den Betrachtungen, die wöchentlich im „Maintal Tagesanzeiger“ erscheinen, in der (fast) einzigen selbständigen Lokalzeitung mit einer eigenen Redaktion. Sie lässt auch Raum für die Mitarbeiter der verschiedenen Kirchen, christliche Themen darzustellen. Diese Mitarbeiter kommen vorwiegend aus der Stadt Maintal, der „größten unbekannten Stadt in Deutschland“, die zwischen Frankfurt und Hanau liegt. Sie sind bei der evangelischen und katholischen Kirche angestellt oder ehrenamtlich in ihr tätig.
Früher hieß die Rubrik „Gedanken zum Wochenende“. Aber auf Wunsch der kirchlichen Mitarbeiter wurden „Gedanken zum Sonntag“ daraus, weil der Sonntag gern nur als Teils des Wochenendes angesehen wird - und zwar als dessen Ende - obwohl er doch der erste Tag der Woche ist.

Das Buch ist auch als Geschenk geeignet, zum Beispiel zur Konfirmation. Deshalb widme ich es auch unserer Enkelin Tabita, die in diesem Jahr konfirmiert wurde, und all unseren Enkeln Camillo, Jakob, Amos und Maja.

Besuchen Sie auch meine Webseite „peterheckert.org“

Der Mensch - das Ebenbild Gottes Schöpfung

Täglich gehen auf der Passstelle der Ordnungsamtes Hunderte von Passbildern durch meine Hände. Sie zeigen Männer, Frauen und Kinder, alte und junge Menschen, fröhliche und ernste Gesichter. Manche sehen noch offen und unverbraucht in die Welt, sie sehen jünger aus, als es ihrem Alter entspricht. Besonders interessant ist es, wenn man von einem Menschen Bilder aus verschiedenen Lebensaltern vorliegen hat: Es ist immer der gleiche Mensch, wenn er auf unterschiedliche Art und Weise erscheint.

Ich muss dabei daran denken, dass der Mensch ein Abbild Gottes ist. Am Anfang der Bibel, im 1. Buch Mose, Kapitel 1, Vers 27, steht: „Gott schuf den Menschen zu seinem Bilde, zum Bilde Gottes schuf er ihn!“ Man hat über diesen Satz gesagt: Das ist doch klar, wenn die Menschen sich einen Gott ausdenken, dann können sie ihn sich nur so ausdenken, wie sie selber sind. Doch eher ist es umgedreht: Als Gott den Menschen schuf, da konnte er ihn sich nicht anders ausdenken, als wie er selber ist. So wie Gott aussieht, so sieht auch der Mensch aus. Der Mensch ist das Ebenbild Gottes. Wir brauchen uns also kein Bild zu machen, wie Gott aussieht.

Die Menschen haben das ja immer wieder versucht, ein Bild ihres Gottes aus Holz oder Stein zu machen. Sie wollten ihren Gott sichtbar vor Augen haben, wollten ihn anbeten und wohl auch beherrschen können. Es sollte ein naher und „begreifbarer“ Gott sein, einer der immer verfügbar ist. Doch Gott begegnet uns in jedem Menschen, in seiner Gestalt, in seinem Gesicht, in seiner Art. Sicherlich ist Gott noch einmal mehr als der Mensch. Er ist auch wieder ganz anders als der Mensch. Aber ein Abglanz der Herrlichkeit Gottes fällt auf jeden Menschen, jeder Mensch vertritt Gott in der Welt, macht etwas vom Wesen Gottes deutlich.

Deshalb gibt es im Grunde auch keine hässlichen Menschen. Für den Film „Der Name der Rose“ suchte man besonders hässliche Menschen. Im Rheingau, wo der Film gedreht wurde, gibt es angeblich keine hässlichen Menschen (wie es ein Einheimischer vor der Kamera sagte). Also verpflichtet man Schauspieler aus der ganzen Welt. Aber auch bei diesen kann man nicht sagen, dass sie hässlich seien. Es gibt zwar ein gewisses Schönheitsideal, das bei sogenannten Schönheitswettbewerben als Maßstab angelegt wird. Aber im Grunde ist jeder Mensch schön - auch der alte, auch der behinderte, auch der verletzte - weil er ein Ebenbild Gottes ist.

Als Albrecht Dürer seine Mutter malte, da hat er ihr ganzes Leben mit in das Bild gebracht: die Arbeit, die Sorgen, die Last des Alters. Diese Frau hätte keinen Preis bei einem Schönheitswettbewerb gewinnen können. Aber der Sohn hat ihre Schönheit so in das Bild hineinlegen können, dass es uns heute noch anspricht. Man muss nur durch die Runzeln und Falten hindurchsehen und dahinter das Abbild Gottes wahrnehmen.

Manchmal sagt man ja von einem Menschen, er sei „ganz der Vater“ oder auch „ganz die Mutter“.
In gleicher Weise sollten wir uns aber auch als Kinder Gottes bewähren, vor allem in unserem Wesen und Charakter. Kraft dazu gibt uns Jesus, der in besonderer Art und Weise der Sohn Gottes ist. Er ist das wahre Abbild Gottes, gerade dadurch, dass er ganz Mensch wurde. Seitdem er als Kind in der Krippe lag, hat Gott ein wahrhaft menschliches Antlitz. Menschen die mit ihren Kindern auf der Flucht sind, können sich in diesem Jesus wiederfinden. Aber sie können sich auch in dem erwachsenen Jesus wiederfinden, der lehrend und heilend durch das Land zog. Und sie können sich wiederfinden in dem sterbenden Jesus am Kreuz. All das ist das Ebenbild Gottes.

Zeit für die Männerquote? Schöpfung

Alle Welt redet von der Förderung der Frauen. Manche politische Parteien haben eine „Frauenquote“ eingeführt. Bei Stellenausschreibungen heißt es manchmal, dass Frauen bei entsprechender Qualifikation vorgezogen werden, auch in leitender Stellung. Und Frauen übernehmen in Handwerk und Industrie Tätigkeiten, die bisher als typischer Männerberuf galten. Selbst ins Militär sind die Frauen vorgedrungen.

Ist es da nicht an der Zeit, in manchen Bereichen schon wieder eine „Männerquote“ einzuführen? Im Handel und in der Verwaltung, in Krankenhaus und auch in der Kirche arbeiten doch mehrheitlich Frauen. In den Erziehungsberufen dürfte es besonders problematisch sein, wenn die Kinder kaum das männliche Element in der Erziehung erfahren.

Die Gründe für diese Aufteilung in männliche und weibliche Berufe mögen in der Tradition und in Vorurteilen liegen, sie haben aber wohl auch etwas mit der Bezahlung zu tun. Zwar gilt der Grundsatz „Gleicher Lohn für gleiche Arbeit!“ Doch manche Arbeiten werden eben nur Frauen angeboten oder zugemutet, und das sind eben die schlechter bezahlten. So bestehen dann ganze Abteilungen fast ausschließlich aus Frauen. Nur der Abteilungsleiter, das ist dann wieder ein Mann.

Nach der Bibel sind Mann und Frau gleich. Schon im ersten Kapitel steht: „Gott schuf den Menschen zu seinem Bilde. Er schuf sie als Mann und Frau!“ (1. Mose 1,27). Und im zweiten Kapitel steht diese wunderbare Erzählung von Adam und Eva: Die Frau wird aus der „Rippe“ des Mannes gemacht. Der Mann braucht unbedingt eine Ergänzung. Die Tiere können ihm keine Partner sein. Erst als er die Frau sieht, sagt er: „Das ist Fleisch von meinem Fleisch!“

Nicht der Mann ist die Krone der Schöpfung, sondern der Mensch, der aus Mann und Frau besteht. Die Frau ist aus dem gleichen „Material“ gemacht wie der Mann; sie sind gleichwertig und ergänzen sich vortrefflich. Eine Zurücksetzung der Frau lässt sich deshalb aus der Bibel nicht begründen. Sie ist vielmehr aus anderen kulturellen und sozialen Traditionen erwachsen.

Auf der anderen Seite bedeutet das, dass natürlich auch Männer nicht von bestimmten Bereichen ausgeschlossen werden dürfen. „Kindergärtner“ gibt es ja schon. Aber ein Mann, der Hebamme werden möchte, dürfte es doch wohl ziemlich schwer haben. Und ein Mann, der einfach nur so als Schreibkraft eingesetzt wird, ruft doch Erstaunen hervor. In Zukunft werden wir uns da noch an Manches gewöhnen müssen. Eine gute Mischung zwischen Männern und Frauen im Beruf wäre sicher nicht schlecht. Nur die Qualifikation sollte eine Rolle spielen, nicht das Geschlecht.

Auch der Apostel Paulus stellt sich gegen die Auffassungen seiner Zeit, wenn er schreibt: „Ihr seid alle Gottes Kinder durch den Glauben an Jesus Christus ... Hier ist nicht Jude noch Grieche, hier ist nicht Knecht noch Freier, hier ist nicht Mann noch Frau. Ihr seid alle einer in Christus Jesus!“ (Galater 3, Vers 26 und 28).

Im Glauben gibt es schon gar keine Unterschiede zwischen Mann und Frau (oder auch Frau und Mann). Es stimmt doch einfach nicht, dass die Frauen religiöser seien als die Männer oder dass Männer sich religiöser Gefühle schämen müssten. Die Aufgaben in der Familie lassen sich nicht so aufteilen, dass die Frau für die „K“ zuständig ist „Kinder, Küche, Kirche“, der Mann aber hinaus muss ins feindliche Leben, um für den Schutz und den Unterhalt der Familie zu sorgen. Sicher hat jeder unterschiedliche Eigenschaften, Begabungen und Fähigkeiten. Doch die lassen sich nicht nach dem Geschlecht aufteilen, sondern liegen in der Person des betreffenden Menschen begründet. Da sollten nicht künstlich Unterschiede geschaffen werden.

Der Weinberg des Herrn Weinberg

Das Jahr 1999 sollte einen „Jahrtausendwein" bringen. Auch in der Bibel ist oft in verschiedenen Zusammenhängen und Bildern vom Wein die Rede. Schon Noah soll einen Weinberg gepflanzt haben. Gern wird das Volk Israel mit einem Weinberg verglichen. Ein Beispiel dafür ist das Buch des Propheten Jesaja. Dort steht in Kapitel 5 das berühmte Weinberglied, in dem Gott über das Volk Israel klagt: Er hat es gepflegt wie einen Weinberg, aber es hat nur schlechte Früchte gebracht. Nun droht er an, den Zaun nieder zu reißen und den Weinberg wüst liegen zu lassen. Aber in Kapitel 27, Vers 3 heißt es dann: „Ich, der Herr, behüte den Weinberg und begieße ihn immer wieder. Damit man ihn nicht verderbe, will ich ihn Tag und Nacht behüten!"

Offenbar waren die Weinberge auch schon früher in Gefahr: Der Weinberg konnte vernachlässigt werden. Ein Weinberg macht nämlich viel Arbeit. Das ganze Jahr über hat man etwas im Weinberg zu tun. Und bei aller Pflege ist der Ertrag doch ungewiss. Aber es konnte auch sein, dass böse Menschen kamen und mutwillig einen Weinberg verwüsteten. Dabei muss man nicht nur an kriegerische Verwicklungen denken, sondern auch an ganz gewöhnliche persönliche Feindschaft: Da hat es einen Streit mit einem Mitmenschen gegeben, da ist einer neidisch auf den guten Erfolg seines Nachbarn, da ist einer aufgelegt zu allerhand Unsinn und Kraftakten - und schon bricht er in den fremden Weinberg ein und macht alles kurz und klein. Deshalb hat man schon im Altertum manchen Weinberg mit einem Turm ausgestattet, damit man ihn von dort aus bewachen konnte. Ein zerstörter Weinberg bietet einen traurigen Anblick: Da sind die Stützmauern eingefallen, der Zaun nieder getreten, Büsche und Bäume haben sich breit gemacht. Vielleicht ist ja ein ökologisch wertvolles Biotop entstanden mit allerhand wertvollen Pflanzen, so ein wilder Garten hat auch seine Reize. Aber es ist kein Weinberg mehr.

So soll es nach den Worten des Propheten Jesaja aber nicht mit Gottes Volk gehen. Gott überlässt sein Volk nicht dem traurigen Verfall, sondern greift immer wieder mit liebender und pflegender Hand ein. Gott ist der verlässliche Weingärtner, der nicht aufgibt, sondern sich immer wieder um sein Eigentum kümmert. Er will nicht, dass es verwildert, sondern dass es Frucht bringt.

So gleicht auch das Leben eines jeden Menschen einem Weinberg. Gott greift in unser Leben als Gärtner ein. Manchmal ist sein Handeln hart. Dann muss er auch etwas herausschneiden, damit der Weinstock gut gedeihen kann. Er muss die Reben zurecht biegen, damit jede ausreichend Platz hat und Licht abbekommt. Dürre Reben muss er sogar herausreißen. Aber wichtiger an diesem Vergleich ist Gottes Einsatz für den Weinberg: Da wird gedüngt und gewässert, da wird gestützt und gehackt, da wird veredelt und geerntet. Gott allein ist der Weingärtner, der sich voll und ganz einsetzt. Die Reben können nichts selber dazu tun, dass sie Frucht bringen. Aber sie sperren sich auch nicht gegenüber dem Wirken des Weingärtners.

So dürfen auch wir wissen: Gott behütet uns, damit wir nicht verderben. Er schützt uns vor Gefahren und erhält unser Leben. Es geht immer einmal auf und ab. Manche Enttäuschungen haben wir zu überwinden. Aber am Ende geht doch alles gut aus, am Ende haben wir eine gute Zuversicht für die Zukunft. Und wir dürfen darauf vertrauen, dass unser Leben auch Frucht bringt. Wenn die Ernte kommt, dann ist auch Frucht da. Und wo wir vielleicht gedacht haben, es war doch alles vergebens, da hat Gott über Nacht etwas heranwachsen lassen, wo wir es gar nicht bemerkt haben. Kein Leben war sinnlos, wenn es ein Leben unter der liebevollen Hand des göttlichen Weingärtners war.

Taufe als Wasserzeichen Taufe

Die Taufe ist eine Symbolhandlung, ein Zeichen, bei dem Wasser verwendet wird, ein „Wasserzeichen“. Ein Wasserzeichen ist sonst ein Zeichen in jedem besseren Blatt Papier. Normalerweise sieht man es gar nicht. Doch wenn man das Blatt Papier gegen das Licht hält, dann sieht man das Wasserzeichen, das kenntlich macht, wer dieses Papier einmal hergestellt hat.

Wie ein Blatt Papier, so ist auch ein Mensch. Am Anfang ist er noch unbeschrieben. Aber im Laufe seines Lebens wird ein Mensch zu einem beschriebenen Blatt. So werden auch die Lebensblätter eines Täuflings beschrieben: Da ist die Rede von großer Freude, von der Lust am Leben, von glücklichen Zeiten, von beglückenden Erlebnissen. In beruflicher Hinsicht gab es Erfolge, in der Familie gab es gewiss viel Liebe. Es gab Begegnungen mit Menschen, die dem Täufling neue Einsichten vermitteln, mit lehrreichen Büchern, mit Kunst und Musik, mit anderen Kulturen. Es ist aber auch die Rede von Spannung und Dramatik, Abenteuer und Gefahren, Kämpfen und Herausforderungen. An manchen Stellen ist das Papier nass von den Tränen, die darauf geweint wurden. Schmerzen und Leid, Trauer und Einsamkeit füllen weite Teile der Blätter.

Manche Zeilen des Blattes möchte man am liebsten ausradieren. Sie berichten alles, was der Mensch falsch gemacht hat. Aber auch diese Zeilen gehören auf das Blatt und sind darauf festgeschrieben, mit widerstrebender Hand vielleicht und daher krumm und schief, aber dennoch für jedermann deutlich zu lesen.

Was aber unverändert bleibt, das ist das Wasserzeichen im Papier. Vom Tag seiner Taufe an trägt ein Täufling das Wasserzeichen „Taufe“. Wie das Wasserzeichen im Papier angibt, wer es gemacht hat, so erinnert das Wasserzeichen „Taufe“ daran, wer diesen Menschen erschaffen und sein Leben erhalten hat, nämlich Gott. Er hat das Leben geschenkt. Gott wird es auch wieder zu sich nehmen, sobald alle Blätter des Lebens vollgeschrieben sind.

In der Bibel gibt es den Spruch: „Freut euch, dass eure Namen im Himmel aufgeschrieben sind!“ (Lukas 10, Vers 20). Im Buch des ewigen Lebens hat Gott eine Stelle für den Täufling vorgemerkt, da steht seit der Taufe unauslöschlich sein Name. Und wo der Name aufgeschrieben ist, da wird seine Lebensgeschichte eingefügt. Sobald sein Lebensblatt vollgeschrieben ist, wird Gott es bei sich aufnehmen und einbinden in sein himmlisches Buch. Das Blatt geht nicht verloren.

Was aber geschieht mit dem Bösen, das darauf vermerkt ist? Nun, Gott streicht es bei den Getauften einfach durch, und das immer wieder, wenn der Mensch ihn darum bittet. Man kann dann zwar immer noch lesen, was da geschrieben steht, kann mit dem Finger darauf deuten. Aber das von Gott Durchgestrichene ist jetzt nicht mehr von Belang für den Fortlauf der Lebensgeschichte. Man kann und man soll das Durchgestrichene übergehen und überlesen. Es ist jetzt für die Zukunft nicht mehr von Bedeutung. Ein neuer Lebensabschnitt kann beginnen. So überarbeitet Gott unsere Geschichte. und das nicht nur einmal, sondern immer wieder.

Wer darauf vertraut, der kann sich zu seiner Schuld bekennen. „Ja, das habe ich getan!“ Und er kann von dieser Schuld befreit sein Leben neu in die Hand nehmen. Diese Möglichkeit eröffnet die Taufe für jeden Täufling. Es ist eine Eigenart des Wasserzeichens, dass man es ohne durchscheinendes Licht nicht sieht. Was auch immer geschrieben wird auf dem Blatt unseres Lebens - das Wasserzeichen Taufe wird stehen bleiben. Stehen bleiben wird, dass wir Gott gehören, dass wir mit allem, was uns bewegt, zu Gott kommen können, immer wieder, und er uns schließlich ganz bei sich aufnimmt.

Die Mühseligen und Beladenen Abendmahl

Einer der trostreichsten Sprüche des Neuen Testaments ist für mich das Wort Jesu, das in Matthäus 11, Vers 27, überliefert wird: „Kommt her zu mir alle, die ihr mühselig und beladen seid, ich will euch erquicken!" Ich habe dabei eine Grafik vor Augen, in der dieser Spruch so geschrieben ist, dass daraus die Umrisse eines Kelchs entstehen. Damit soll gesagt sein: Ihr dürft alle zum Abendmahl kommen, dort werdet ihr Stärkung und Erholung erfahren (so will ich das Wort „erquicken" einmal übertragen, das heute vielen Menschen nicht mehr geläufig ist).

Diese Grafik stand mir auch vor Augen, als ich mit einem örtlichen Künstler über die Ausgestaltung eines Kirchenraumes sprach. Er arbeitete vor allem mit Blechen in verschiedenen Farben, um daraus gegenständliche Werke zu gestalten. Mir schwebte auch vor, das Abendmahl in die Mitte zu stellen, also Brot und Wein. Von beiden Seiten sollten dann die „Mühseligen und Beladenen" an den Abendmahlstisch herantreten.

Der Künstler aber widersprach mir. Seine Art war es so wieso, die schönen Seiten des menschlichen Lebens darzustellen. Er stellte gern Menschen dar bei Tanz und Musik, beim Feiern und bei Erfolgen. Auch die Arbeit war nicht ausgespart, aber sie erschien nicht als eine Last, sondern als eine sinnvolle Gestaltungsmöglichkeit des Lebens, für die man nur dankbar sein kann.

Zu meinen Plänen meinte der Künstler: „Warum muss man immer wieder die Schattenseiten des Lebens darstellen? Die sind so wieso da, da können wir nichts daran ändern. Die Menschen brauchen aber etwas, an dem sie sich aufbauen können. Die Kirche steht in der Gefahr, sich nur um die Menschen am Rand zu kümmern, die Kranken, Alten, Behinderten, die im Leben zu kurz Gekommenen. Doch erst einmal sind auch die ganz Normalen eingeladen, deren Leben in ruhigen Bahnen verlaufen ist und für die es nur gelegentlich einen Höhepunkt gegeben hat!"

Diese Worte gaben mir damals zu denken. Ich bin zwar weiter der Meinung, die Kirche habe die besondere Aufgabe, sich den Mühseligen und Beladenen zuzuwenden, die in der Gesellschaft oft an den Rand gedrängt und vergessen werden. Wenn niemand sie beachtet, dann sollen sie wenigstens in der Kirche willkommen sein.

Aber wir dürfen darüber auch die anderen nicht vergessen, denen es relativ gut geht, die wenig Aufregendes im Leben erfahren und die froh sind, wenn der Tag einigermaßen über die Bühne gegangen ist. Auch sie sind eingeladen: Und auch sie haben es nötig, sich von Gott für ihr Leben stärken zu lassen. Das Abendmahl ist nicht nur für die sogenannten „Sünder" da - für die ist es auch da. Aber man sollte nicht meinen, man brauche das Abendmahl nicht, wenn man sich nicht besonders sündig fühlt (dieses Gefühl trügt sowieso).

Das Abendmahl ist auch für die „Starken" da. Jeder braucht Essen und Trinken, um leben zu können. Er braucht aber auch Anerkennung, Erfolge, Freude, Träume. Es ist gut, wenn man die Nahrung rechtzeitig zu sich nimmt, damit es nicht zu Ausfällen kommt. Besonders Sportler brauchen einen langen Atem und müssen sich Zeit für Essen und Trinken nehmen. Aber auch Christen müssen rechtzeitig „nachtanken", wenn ihr Glaube nicht verkümmern soll.

Neue Menschen sind ehrlich

Frühmorgens auf dem Hauptbahnhof: Ein Mann zieht hastig seine Geldtasche heraus, in hohem Bogen fliegen Münzen nach allen Seiten durch die Gegend. Eine Gelegenheit für viele Passanten, eine schnelle Mark zu machen. Doch es kommt ganz anders: Einige der Vorübereilenden bücken sich. Einer tritt mit dem Fuß auf ein davon rollendes Fünf-Mark-Stück. Aber alle sind sie dem Mann behilflich, sein Geld wieder zu erlangen. Ehe er es recht begriffen hat, ist sein Geld wieder da. Er ist auf lauter ehrliche Leute getroffen.

War das Zufall? Wir lesen täglich in der Zeitung von Einbrüchen, Überfällen und Fahrerflucht. Dabei gibt es doch alles zu kaufen. Um so erfreulicher ist es, wenn man auch Gegenbeispiele erlebt. Oft wird ja geklagt: Es wird immer schlimmer mit der Menschheit, früher gab es so etwas nicht. Doch erstens gab es das früher auch, obwohl die Strafen viel drastischer waren. Und zweitens gibt es auch heute noch Ehrlichkeit. Vielleicht achtet man einmal mehr auf die positiven Beispiele. Wir brauchen Ermunterung zum Tun des Guten.

In der Bibel kommt das Wort „ehrlich“ nicht vor. Jedenfalls ist das so in der Übersetzung Martin Luthers, der aber das Wort „ehrbar“ benutzt. So übersetzt er die Verse 12 und 13 in Römer 13: „Die Nacht ist vorgerückt, der Tag aber nahe herbei gekommen. So lasst uns ablegen die Werke der Finsternis und anlegen die Waffen des Lichts. Lasst uns ehrbar wandeln als am Tage, nicht in Fressen und Saufen, nicht in Wollust und Unzucht, nicht in Hader und Neid!“

Die Weltstadt Rom war wohl für diese negativen Erscheinungen bekannt. Aber im Grunde geht es um Charakterzüge, die keinem Menschen fremd sind. Die Werke der Finsternis sind uns allen nicht fremd. Und manchem wird es schon in den Fingern jucken, wenn er eine günstige Gelegenheit entdeckt. Nachher siegt dann wieder die gute Erziehung oder die christliche Prägung.

Paulus sagt es so: „Zieht an den Herrn Jesus Christus!“ (Vers 14). In der alten Kirche erhielten die Täuflinge in der Osternacht ein weißes Gewand zum Zeichen dafür, dass sie jetzt neue Menschen waren. Und wenn Johann Hinrich Wichern in seinem „Rauhen Haus“ in Hamburg einen Jugendlichen von der Landstraße aufnahm, dann wurde der erst einmal in die Badewanne gesteckt und erhielt neue Kleider, weil das alte Leben ganz abgetan werden sollte.

Auch wir können neue Menschen sein. So schwer ist das gar nicht. Doch wahrscheinlich wird es nicht so gut gelingen, wenn man sich mit Gewalt dazu zwingen will. Dadurch wird man nur unfrei und gehemmt. Das Tun des Guten geht mit Leichtigkeit einher. Wer den Herrn Jesus Christus „angezogen“ hat, wird sich so verhalten, wie es diesem Kleid entspricht.

Im Sprichwort heißt es: „Kleider machen Leute!“ Da ist etwas Wahres dran: Mit guten Kleidern spielt man nicht im Dreck. Da geht man ganz anders und verhält sich eben anders. Wer Christus angezogen hat, der will sich dieses Kleides würdig erweisen. Er muss deswegen nicht verkniffen und unsicher werden und immer wieder ängstlich fragen: Darf ich das oder darf ich es nicht? Vielmehr wird er locker bleiben und ohne große Mühe wissen, was er zu tun hat. Der Glaube macht frei, er befreit auch zur Ehrlichkeit.

Wenn einer etwas erzählt, dann kommentieren junge Leute heute das Gesagte oft mit dem Wort „ehrlich“? Das ist meist keine echte Frage, sondern mehr ein Ausdruck des Erstaunens. Wenn wir dieses Wort wieder einmal hören, können wir ja einmal überlegen, welche tiefe Bedeutung es hat. Gott möchte, dass wir ehrliche Menschen sind, offen und zuverlässig. Neue österliche Menschen sind ehrlich. Da könnten wir doch alle mitmachen - ehrlich!

Jesus von Nazareth - ein wohlhabender Unternehmer? Jesus

Ein Jesuit der päpstlichen Universität in Rom hat ein Buch herausgebracht mit dem Titel: „Jesus, Erbauer und Meister“. In dem Buch stellt der Theologe und Historiker dar, dass Jesus „nach neuesten Forschungen“ aus einer mittelständischen und wohlhabenden Familie kam und wie sein Vater ein Bauingenieur gewesen sein soll. Die Klärung dieser Frage wird nicht entscheidend für den Glauben sein. Aber der Glaube hat doch seinen Anhalt an Jesus von Nazareth und interessiert sich auch für die irdische Seite des Gottessohns.

In der Tat kann Luthers Wiedergabe der Berufsbezeichnung Josefs nicht ganz exakt sein. Ein „Zimmermann“ in unserem Sinne wird er kaum gewesen sein, denn Holz ist sehr knapp in Palästina. Die Häuser sind in erster Linie aus Stein und Lehm erbaut gewesen. Deshalb dürfte „Bauhandwerker“ die richtige Berufsbezeichnung sein. Die Bezeichnung „Bauingenieur“ oder gar „Architekt“ dürften aber etwas zu hoch gegriffen sein. Und hinter der Vorstellung, dass die Familie ziemlich wohlhabend gewesen sei, steht wohl mehr das Bild eines heutigen Bauunternehmers.

Doch man wird in der Tat nicht sagen können, dass Jesus zur ärmsten Bevölkerungsschicht gehörte und kein regelmäßiges Einkommen gehabt habe und sich als Gelegenheitsarbeiter durchgeschlagen habe. Da gab es wahrscheinlich schon eine Firma „Josef und Sohn“, die in Nazareth und Umgebung schlüsselfertige Häuser erstellte. Aber reich waren sie wohl damals alle nicht.

Jesus ist aber nicht zum Revolutionär geworden, weil er zur ausgebeuteten Klasse gehörte. Man darf auch die Armut nicht religiös überhöhen und sagen, nur ein Armer könne ins Reich Gottes kommen. Jesus sagt zwar selber, dass es ziemlich unwahrscheinlich sei, dass ein Reicher zu Gott kommt (Matthäus 8, Vers 20), aber möglich ist es immerhin..

Sicherlich gehörte Jesus auch nicht zu den Gebildeten seiner Zeit. Da wird man dem Professor aus Rom widersprechen müssen. In seiner Entdeckerfreude ist er wohl etwas über das Ziel hinausgeschossen. Man weiß nicht einmal, ob er schreiben konnte. Nur einmal, in der später hinzugefügten Geschichte von der Ehebrecherin (Johannes 8) wird gesagt, dass er in den Sand geschrieben habe. Doch er konnte sicherlich kein Griechisch sprechen, das die damalige Weltsprache war. Er sprach vielmehr Aramäisch, den Dialekt seiner Heimat, die Sprache der kleinen Leute.

Aber auch als „Mittelständler“ kann man natürlich doch ein „Mann aus dem Volk“ sein. Auch Paulus war ein Gebildeter. Martin Luthers Vater hatte es als Bergwerksbesitzer zu einem gewissen Wohlstand gebracht. Marx und Lenin waren natürlich Wissenschaftler und Journalisten. Und Tom Koenigs verschenkte sein Millionenerbe, weil er mit den Ideen der Grünen ernst machen wollte. Viele Reformer sind aus der Mittelschicht gekommen. Die Unterdrückten brauchen einen Sprecher, der ihre Forderungen formuliert und dann auch vorbringt.

Nur ging es bei Jesus um mehr als um einen Menschen, der die Lage der Entrechten erkennt. Jesus von Nazareth war das Werkzeug Gottes. Er sollte seinem Volk und der ganzen Menschheit helfen. Dazu musste er entsprechende menschliche Fähigkeiten haben. Aber noch wichtiger war seine eigentliche Aufgabe: Die Hingabe seines Lebens für die Menschen! In seiner Heimatstadt fragen die Leute: „Ist er nicht der Zimmermann?“ (Matthäus 13, Vers 55).

Aber in Wirklichkeit ist er viel mehr der Sohn Gottes und Retter der Welt. Nicht der Hausbau war seine Lebensaufgabe, sondern die Befreiung der Menschen von Sünde und Schuld, damit sie zur Freiheit der Kinder Gottes gelangen.

Woher kommt die Religion? Religion

Wie sind eigentlich die Religionen entstanden? Hat da einer plötzlich gesagt: „Ich habe eine neue Religion erfunden, und ihr müsst jetzt meine Anhänger werden und diese Religion übernehmen?" Neben vielen Naturreligionen gibt es einige sogenannte „Hochreligionen", über deren Entstehung man als normal informierter Mensch schon etwas wissen sollte. In unsrer Zeit haben sich viele Menschen wieder der ältesten dieser Religionen zugewandt, dem Buddhismus. Sie geht auf einen Religionsgründer zurück, hat aber keinen Gott. Vielmehr liegt der Sinn dieser Religion darin, sich in sich selbst zu versenken und irgendwie mit sich selber ins Reine zu kommen.

Ganz anders dagegen die Verkündigung der christlichen Religion. Da wird nicht vom Menschen ausgedacht, sondern von Gott. Da sagt Jesus auf einmal: „Nicht ihr habt mich erwählt, sondern ich habe euch erwählt!" (Johannes 15, Vers 16). Jesus beschreibt damit, wie Gott sich die Menschen ausgewählt hat und immer wieder auswählt.

Angefangen hat alles mit dem Volk Israel. Sie waren ein Volk wie andere auch, noch ohne einen richtigen Gott und deshalb auch noch kein richtiges Volk. Sie hatten zwar schon örtliche Götter kennen gelernt, die mit einzelnen ihrer Vorfahren in Verbindung getreten waren. Aber sie kannten noch nicht den Gott, der Himmel und Erde erschaffen hatte und der der Lenker der Weltgeschichte ist.

Nach Vorstellung der Israeliten und anderer Völker wohnte er damals auf dem Berg Sinai. An sich hatte er noch keine Anhänger außer einigen Hirten rund um den Berg. Aber er suchte nach einem richtigen Volk, das ihn verehrte und dem er ein Helfer sein wollte. Da fiel sein Blick ausgerechnet auf einige hundert Israeliten, die im reichen Ägypten ausgebeutet wurden. Nicht die mächtigen Ägypter wählte er aus, sondern das kleine Israel. Ihm hat er geholfen bei der Flucht aus Ägypten. Ihm hatte er sich gezeigt am Gottesberg. Mit diesem Volk hat er einen Bund geschlossen für alle Zeiten.

Aber dieser Bund wurde überboten und erneuert durch Jesus Christus. Durch ihn ist Gott den Menschen noch viel näher gekommen als vorher. Nicht mehr nur e i n e m Volk hat er sich zugewandt, sondern a l l e n Menschen. Seitdem kann jeder von uns wissen, dass er einen Gott hat, der sich um ihn kümmert und der ihm helfen will. Es ist leichter geworden, an Gott zu glauben, weil der Glaube jetzt anschaulicher und lebensnaher ist.

Aber jetzt kann man sich nicht mehr einen Cocktail aus allen Religionen zusammenmixen nach dem eigenen Geschmack. Viele mögen ja nur eine Sparversion der Religion: Ein bisschen Taufe, ein bisschen Trauung, ein bisschen Heiligabend, aber darüber hinaus nicht sehr viel. Andere wiederum ziehen sich die „volle Dröhnung" rein, saugen sich voll Religion, sind hundertprozentig dabei. Sie meinen zu wissen, worauf es ankommt.

Doch wir können uns nicht auswählen, wie viel an Religion wir übernehmen. Religion ist nicht wie ein Supermarkt, in dem man aus einem vielfältigen Angebot das auswählt, was man gerade braucht. Oder wo man auch das mit nimmt, was man gar nicht braucht, wozu man sich aber hat verführen lassen. Bei Gott gibt es nur ein einziges Angebot. Aber das ist das beste Angebot, das einzige, das wir nötig haben, das unseren Bedürfnissen voll gerecht wird. Deshalb nutzt es gar nichts, wenn wir weiter überall herumsuchen. Wir können nichts besseres finden als das, was unser Gott uns bietet. Nehmen wir sein Angebot doch an!

Aus der Kirche austreten Ausgetreten

Immer wenn wieder eine Steuererhöhung kommt, rechnen die Kirchen mit einer erneuten Austrittswelle. Die Frage: „Zur Kirche gehören oder nicht?“ ist natürlich keine Geldfrage. Wer eine Beziehung zu Gott und Glauben an Jesus Christus hat und seine Kirche liebhat, der bringt auch das Geld für die nun einmal unumgänglichen Unkosten auf. Es wird tagaus tagein soviel Geld ausgegeben, da fällt ein Betrag von weniger als einem Prozent des Einkommens nicht ins Gewicht. Aber wir müssen nüchtern sehen, dass viele Menschen schon innerlich aus der Kirche ausgewandert sind und manche sich auch äußerlich davongemacht haben. Auch die Gesellschaft richtet sich auf ein nichtchristliches Leben ein.

Wie kann man dem entgegensteuern? Im Religionsunterricht versucht man, in die Bildung auszuweichen. Also nicht mehr biblische Geschichte, sondern Leistungen der Kirchen für die Kultur und Bildung. Religionsunterricht also nichts anderes als der Ethikunterricht. Blick in die Vergangenheit und nicht in die Zukunft und schon gar nicht in die Gegenwart. Mehr Philosophie als schlichtes Bekenntnis. Mit dem Schulfach „Religion“ haben nicht nur Lehrer und Schüler Probleme, sondern auch die Schule. Wie soll man dieses Fach in den Bildungsauftrag einordnen? Ist es nicht doch ein Fremdkörper, ein ungeliebtes Kind? Die Kirchen pochen aber auf die Verpflichtung des Staates durch die Verfassung.

Was in der Schule begonnen hat, setzt sich dann später fort. Da bedauert eine Frau, die neben der Kirche wohnt, dass dort so wenig Veranstaltungen stattfänden. Aber sie meinte damit gar nicht die kirchlichen Angebote, sondern sie wollte, dass die Kirche mehr für soziale Zwecke genutzt wird. Die Räume dürften nicht leer stehen, sondern sollten gegen Gebühr von Vereinen und Privatleuten genutzt werden. Das ist eine Versuchung der Kirche von heute; ausweichen in Sozialarbeit und Kultur. Da meint man dann, noch eine Existenzberechtigung zu haben. Und da findet man auch noch Anerkennung in der Öffentlichkeit. Doch das Abbröckeln an den Rändern der Kirche hält man damit nicht auf.

Die Soziologen sagen aber: Die Kirche darf die Anforderungen nicht so hoch ansetzen. Also nicht eine hohe Moral vertreten, nicht einen hundertprozentigen Glauben fordern, nicht zu viel Geld verlangen. Die Schwelle dürfe nur ganz niedrig sein, damit man die Leute nicht verprellt. Aber wenn die Kirche sich so anbiedert, dass man ihr Profil nicht mehr erkennen kann, dann soll sie es lieber gleich sein lassen.

Dann braucht sie sich auch nicht zu wundern, wenn evangelikale Gruppen zum Gegenschlag ausholen und ein eher primitives Christentum vertreten. Sie wollen zwar die besseren Christen sein, aber auch bei ihnen gibt es Eifersüchteleien, Zwang und Bevormundung. Auch dort wird nur mit Wasser gekocht. Ein anderer Versuch, einen Ausweg zu finden, ist die Flucht in Esoterik, Astrologie und Hexerei. So ganz ohne religiösen Halt kann der Mensch wohl doch nicht leben. Aber da erscheint die Kirche dann doch wieder als der beste Weg. Sie ist ein lohnendes Angebot. Man darf nicht zu hoch von ihr denken, aber auch nicht zu niedrig.

Von Gott kommt sowieso keiner los. Im 139. Psalm steht: „Führe ich gen Himmel, so bist du da; bettete ich mich bei den Toten, siehe, so bist du auch da!“ Selbst wenn wir fliehen wollen, gibt Gott uns nicht auf. Deshalb bekennt der Psalmbeter dankbar: „Von allen Seiten umgibst du mich und hältst deine Hand über mir!“

Angebot und Nachfrage Kirche als Angebot

Zwischen dem Frankfurter Hauptbahnhof und dem Westhafen liegt das Gutleutviertel. Es gehört nicht zu den guten Wohngegenden. Es gibt viel Industrie, viel Verkehr und eine sozial schwache Bevölkerung. Ein Sanierungsbüro ist eingerichtet. Durch öffentliche Bauten soll das Gebiet aufgewertet werden. Dabei finde ich das Gutleutviertel gar nicht so schlecht, es gibt viel schlimmere Stadtviertel in Deutschland.

Die Häuserzeile der Gutleutstraße zwischen Baseler Platz und Hafenstraße beginnt mit einer Kirche. Sie fällt nicht mehr im Straßenbild auf, weil sie ganz in die Häuser eingefügt ist; auch der Turm steht mittendrin. Dann kommen Reisebüro, zwei Metzgereien, zwei Gaststätten, ein Lebensmittelladen, ein Bekleidungsgeschäft und wieder ein kirchliches Gebäude, nämlich das Gemeindehaus der Gutleutkirchengemeinde. Schließlich kommen eine Bäckerei, ein Zeitungsgeschäft, ein Laden für Wein und Käse, ein Bekleidungsgeschäft, ein Laden der Organisation ‚Pro Familia', wieder zwei Gaststätten, einige Wohnhäusern und noch eine Bäckerei.

Mir kommt die Straßenzeile vor wie ein Spiegelbild unseres Lebens und unserer Bedürfnisse. Gut gehen die Geschäfte, die mit dem Essen zu tun haben: Metzgerei, Bäckerei, Gaststätten. Aber auch das Lebensmittelgeschäft und die Lottoannahmestellen gehen noch. Schwieriger haben es die Bekleidungsgeschäfte: In dem einen hat die Geschäftsleitung erst wieder gewechselt. Vor dem anderen steht der schon ältere Inhaber und wartet auf Kunden. Er tut alles für die Werbung, stellt Sonderangebote auf die Straße; aber meist kommen nur seine italienischen Landsleute.

Ganz fehl am Platze ist der Laden für Wein und Käse. Der wäre etwas für eine bessere Wohngegend, nicht aber für diese Arme-Leute-Gegend. Da haben sich junge Leute große Hoffnungen gemacht auf ein eigenes Geschäft. Sie haben allerhand investiert, geben sich viel Mühe. Aber es ist „alles tote Hose", wie man so sagt. Der Markt ist unerbittlich; da geht es nach Angebot und Nachfrage, und wer nicht hineinpasst, wird wieder verschwinden.

In diesem Umfeld muss sich auch die Kirche behaupten. Es ist nicht mehr so wie in dem Gleichnis Jesu von dem Kaufmann, der gute Perlen suchte: Als er eine kostbare Perle fand, verkaufte er alles, was er hatte, und kaufte sie (Matthäus 13, Vers 45 bis 46). Die Kirche hat schon einen kostbaren Schatz, sie hat das Wort Gottes. Aber es muss natürlich auch an den Mann und an die Frau (und an das Kind) gebracht werden.

Die Gutleutgemeinde macht es gar nicht einmal so schlecht. Zunächst einmal hat sie keine Prunkbauten, sondern reine Zweckbauten, die gut in die Umgebung passen. Dorthin lädt sie alte Menschen ein zum Nachmittagstee. Sie hat einen Mittagstisch eingerichtet für sozial Schwache. Gottesdienst ist natürlich auch. Aber man begnügt sich nicht damit, sondern tut auch direkt etwas für das Wohnviertel.

Aber oft gleicht die Kirche mehr jenem Wein- und Käse-Laden: Das Angebot ist gut, die Werbung und Aufmachung stimmen, aber die Leute kommen nicht. In die Kirche kommen zum Glück immer noch Leute. Man kann sich nur freuen über die, die da sind. Es zeigt sich, dass die Kirche doch noch etwas zu bieten hat. Aber es könnten natürlich gerne mehr Leute sein.

Die Kirche hat eine kostbare Perle im Angebot. Es wäre gut, wenn wir das aus den vielen Angeboten unserer Zeit herausfinden könnten. Es lohnt sich immer noch, diese alte Botschaft daraufhin zu prüfen, ob sie auf unsre Zeit und Welt noch anzuwenden ist. Dabei könnte sich herausstellen, dass sie tatsächlich das Wichtigste für uns ist.

Religion als Lebensqualität Lebensqualität

In einem Prospekt der Stadtverwaltung wird die Stadt von ihren schönsten Seiten gezeigt. Offenbar will man damit Investoren anlocken und überhaupt das Bild der Stadt verbessern. Und da heißt es dann auch: „Kultur ist ein Stück Lebensqualität!" Welchen Stellenwert werden denn da die Religion und der Glaube haben? Kommt oftmals schon die Kultur zu kurz, so gilt das erst recht für den Glauben. Natürlich hält jeder sein Spezialgebiet für richtig und möchte, dass seine Arbeit im Mittelpunkt steht, und der Pfarrer möchte, dass alle so glauben wie er.

Aber machen wir uns nichts vor: Wenn es ums nackte Überleben geht, zählen nur noch Essen und Trinken und die Gesundheit. Im Krieg gibt es so gut wie keine Kultur, weil auf diesem Gebiet zuerst gespart wird. Und auch den Glauben hat mancher in großer Bedrängnis über Bord geworfen. Wenn die Bürger zu wählen hätten zwischen der Kürzung der Sozialleistungen und Abstrichen bei der Kultur, dann würden sie sich doch ohne schlechtes Gewissen gegen die Kultur entscheiden. Und so entscheiden sie sich auch oftmals gegen die Kirche, wenn der finanzielle Spielraum enger wird. Man kann das bedauern, aber so ist der Mensch nun einmal. Dennoch sollte man nach so einer Feststellung nicht zur Tagesordnung übergehen.

Es ist schon so, wie es in der Bibel heißt: „Der Mensch lebt nicht vom Brot allein!" (Matthäus 4, Vers 4). Viele haben keine Ahnung mehr davon, wie die Fortsetzung dieses Wortes lautet, das Jesus aus dem Alten Testament zitiert. Sie sagen dann: „Der Mensch lebt nicht vom Brot allein, etwas Wurst soll auch drauf sein!" Oder sie wollen zum Brot auch etwas zum Trinken haben, vor allem Alkoholisches. Oder sie rechnen auch die Kleidung und Wohnung und vielleicht auch das Auto und die Urlaubsreise hinzu. Und für manchen kommt dann auch wieder die Kultur in den Blickwinkel. Der Glaube aber ist das Allerletzte, was man noch mit zur Daseinsfürsorge und zur Lebensqualität rechnet.

Dabei lautet jener Satz vollständig: „Der Mensch lebt nicht vom Brot allein, sondern von einem jeden Wort, das durch den Mund Gottes geht!" Jesus erinnert sich an dieses Bibelwort, als er in der Versuchung steht, Steine zu Brot zu machen, um dadurch die Menschen zu gewinnen. Wer die Brotfrage löst, ist ein gemachter Mann. Wer für die Grundbedürfnisse sorgt und nach Möglichkeit auch für ein bisschen Luxus und Kultur, dem laufen die Menschen nach. Aber Jesus sagt: Das Leben besteht aus mehr als aus Essen und Trinken. Ohne den Glauben an Gott kann man kein Mensch sein.

Wir sollten uns fragen, welchen Stellenwert der Glaube in unserem Leben einnimmt. Ist er das Allerletzte, was noch hinter der Kultur kommt? Oder rechnen wir ihn mit zu der Lebensqualität unsrer Stadt, sehen wir ihn als eine Art Daseinsfürsorge, die unsre ganze Aufmerksamkeit verdient? Glaube, das sind nicht die letzten 0,5 Prozent unseres Lebens, sondern das ist etwas, was in allen Bereichen unsres Lebens mit drinsteckt. Wenn wir uns um Essen und Trinken mühen, so hat das etwas mit dem Glauben zu tun. Wenn wir mit Menschen zusammen sind, ist Gott mit dabei. Wenn wir uns kulturell betätigen oder Kultur genießen, wenden wir die Gaben an, die Gott der Schöpfer in uns gelegt hat.

Der Glaube an Gott gehört schon mit zu unsrer Lebensqualität dazu. Ohne ihn ist unser Leben nicht rund. Ohne ihn fehlt uns das, was uns erst zu richtigen Menschen macht. Denn: „Der Mensch lebt nicht vom Brot allein…..!"

Oh Gott, Herr Pfarrer O Gott

Von dem früheren französischen Staatspräsidenten Charles de Gaulle wird folgende Anekdote erzählt: Als seine Frau ihn plötzlich nackt im Badezimmer erblickte, rief sie erschrocken aus: „Oh, mein Gott!“ Darauf meinte der General „Wenn wir alleine sind, dann darfst du mich einfach ‚Charles' nennen!“ Wenn die Geschichte vielleicht auch nicht wahr ist, so ist sie doch gut erfunden. De Gaulle verstand sich als Retter Frankreichs und wollte als Staatspräsident wie Gott in Frankreich regieren.

Wie oft rufen auch wir: „Oh Gott“, meinen das aber gar nicht so. Vor einigen Jahren sagte noch jeder bei jeder Gelegenheit: „Alles klar!“ Heute sagt man statt dessen: „.Oh Gott!“ Liegt das an der populären Fernsehserie „Oh Gott, Herr Pfarrer“, die es einmal gegeben hat? Oder liegt es daran, dass längst nicht mehr „alles klar“ ist und man nur noch „Oh Gott“ rufen kann? Sicherlich ist so ein Ausruf aber keine wirkliche Hinwendung zu Gott, sondern eher der Ausdruck von Unsicherheit und Sorge.

Doch machen wir uns denn klar, was wir da sagen, wenn wir „Oh Gott“ rufen? Wollen wir Gott denn wirklich anrufen? Sicherlich dürfen wir ihn anrufen. So heißt es etwa in einem Psalm: „Rufe mich an in der Not, so will ich dich erretten und du sollst mich preisen!“ (Psalm 50, Vers 15). Gerade in der Not dürfen wir uns an Gott wenden. Er verspricht uns sogar, uns dann aus dieser Not zu retten. Allerdings erwartet er dann auch unseren Dank. Das ist aber etwas ganz anderes als jenes gedankenlos dahingesprochene „Oh Gott“.

In früheren Lesebüchern stand eine Geschichte, wie ein Vater seiner Tochter diesen Ausruf abgewöhnt hat. Seine Else lief auch immerzu im Haus herum und rief bei jeder möglichen und unmöglichen Gelegenheit „Oh Gott“. Der Vater war ein frommer Mann und ärgerte sich über seine gleichgültige Tochter. Jetzt rief auch er bei jeder Gelegenheit „Else“ und immer wieder. „Else“. Die Tochter kam auch jedesmal und fragte: „Was ist denn?“ Aber der Vater tat nur erstaunt und wollte gar nichts von ihr.

Mit der Zeit wurde es der Tochter zu dumm, und sie fragte den Vater, weshalb er sie denn immer rufe. „Ach nur so“, sagte der Vater, „so wie du immerzu Gott rufst und gar nichts von ihm willst!“ Da merkte die Tochter, was er ihr hatte sagen wollen und ließ von ihrer gedankenlosen Angewohnheit.

Also noch einmal: Wir dürfen Gott anrufen, wenn wir glücklich oder traurig sind, wenn wir ihm danken wollen oder wenn wir in Not sind. Aber wir sollten ihn nur anrufen, wenn wir ihn wirklich meinen. Aber wir können so nach ihm rufen, wie wir nach einem Menschen rufen, den wir wirklich sprechen wollen.

Der Herr ist nahe allen, die ihn anrufen,
allen, die ihn ernstlich anrufen.

(Psalm 145, Vers 18)

Oben und Unten Kraft von oben

Die Eisenbahn ist ein modernes und umweltfreundliches Verkehrsmittel. Sie bezieht ihre Energie aus der elektrischen Oberleitung. Besonders im Winter, wenn der Reif auf den Leitungen liegt, kann man sehr schön sehen, wie der Funke überspringt. Es blitzt und knattert, dass man es fast mit der Angst zu tun kriegt. So stark ist eben die Energie, die für einen Zug benötigt wird. So stark ist aber auch der Strom, der zur Verfügung steht.

Dieser technische Vorgang kann uns Symbol sein für unser Leben. Wir brauchen auch eine Kraft „von oben", wenn wir im Leben vorankommen wollen. Diese starke Kraft kommt von Gott. So drückt es schon der 138. Psalm aus: „Wenn ich dich anrufe, so erhörst du mich und gibst meiner Seele große Kraft!" (Vers 3).

Wenn man diese Kraft haben möchte, dann muss man sie herbeirufen. Sie kommt nicht von selber, und sie wird nicht aufgezwungen. So wie man erst zum Bahnhof gehen und sich eine Fahrkarte kaufen muss, so muss man auch Gott anrufen, wenn er helfen soll. Ohne die Verbindung mit Gott wird unser Leben kraftlos und arm. Der Bügel muss immer in Berührung mit der Oberleitung sein, damit der Kraftstrom fließen kann. Aber wenn wir mit Gott in Verbindung sind, dann gibt er uns auch Kraft und Energie.

Beim Zug kann es schon einmal vorkommen, dass der Strom ausfällt. Dann kommen wir nicht voran, sondern können nur noch auf der Stelle treten. Bei Gott aber kann das nicht passieren, dass die Oberleitung herunterhängt oder reißt. Gott steht mit seiner Kraft immer für uns bereit, er lässt uns nicht im Stich.

Dennoch versuchen viele immer wieder, auch ohne ihn auszukommen. Das ist wie bei denen, die nichts vom öffentlichen Nahverkehr halten, sondern selber mobil sind, weil sie ein Auto haben. Und wenn man etwas hat, dann will man es auch benutzen. Angeblich geht es nicht anders, weil man schneller am Ziel ist oder weil man das Fahrzeug am Arbeitsplatz braucht. Aber in Wirklichkeit muss man auch mit dem Auto Umwege fahren, man steht im Stau, man hat nur Stress.

Doch so sind wir Menschen nur einmal: Anstatt uns einem Lokführer anzuvertrauen und der Kraft „von oben", wollen wir selber die Handelnden sein und unser eigener Herr bleiben. So denken wir, wir könnten auch ohne Gott auskommen. Bildlich gesprochen: Erst einmal versuchen wir es mit dem Auto. Nur wenn dieses einmal kaputt ist, steigen wir notgedrungen auf Bus oder Zug um. Und wehe, wenn dann gerade keiner geht!

Allerdings macht uns das Bild von der Eisenbahn noch mehr deutlich: Die Eisenbahn fährt auf Schienen. Das heißt: Sie ist mit dem Boden verbunden. Der ganze Strom von oben nutzt nichts, wenn die Schienen fehlen oder die Bahn aus den Schienen springt. Der Verbindung nach oben entspricht die Verbindung mit unten. Christen schweben nicht über den Problemen der Welt, sondern sie sind auf der Erde zu Hause und tragen Verantwortung in ihr. Sie nehmen sich der Erde an, sie hegen und pflegen sie. Und sie versuchen, die Lebensverhältnisse zu verbessern.

Doch das geht nur, wenn wir auch Gott anrufen. Er wird uns Kraft geben, die wir von uns aus nicht haben können. Viele Menschen haben die Erfahrung schon gemacht, dass Gott sie erhört und ihnen Kraft gibt. Auch wir können darauf vertrauen, dass wir nicht alles selbst in die Hand nehmen müssen, dass wir nicht immer nur unten herum kriechen müssen. Gott gibt uns Kraft von oben, wenn wir ihn anrufen - er gibt unserem Leben große Kraft.

Tamagotchi - das virtuelle Haustier Tamagotchi

Eine Zeit lang konnten Lehrerinnen und Lehrer nur noch in Verzweiflung verfallen: Alle zehn Minuten piepste es in einer anderen Ecke der Klasse. Dann musste sich wieder ein Kind um sein Tamagotchi kümmern: ihm zu essen geben, ihn streicheln oder mit Medizin versorgen. Das geht alles per Knopfdruck. Insofern ist das Tamagotchi pflegeleicht. Aber man muss daran denken, muss etwas tun, sonst stirbt das Tamagotchi.

Es handelt sich nicht um ein Tier, sondern um ein elektronisches Gerät aus Japan, das aber wie ein Lebewesen behandelt werden will. So wie man früher hinter Hulahoop-Reifen oder Zauberwürfeln her war, so musste man auf einmal ein Tamagotchi haben, um mitreden zu können.

Aber in der Schule werden die Lehrer genervt. So ein Tamagotchi meldet sich nämlich in der Wachstumsphase sehr oft. Es will sogar rund um die Uhr betreut werden. Ganz Geschickte bauen nachts die Batterie aus, um ruhig schlafen zu können. Sonst kann es soweit kommen, dass auf der Anzeige ein Grab mit einem Kreuz erscheint und das Tamagotchi gestorben ist. Das macht aber auch nichts: Man muss nur die Reset-Taste drücken, dann entwickelt sich aus dem Ei ein neues Tamagotchi.

Hier wird aber deutlich, wie gefährlich der Umgang mit diesem elektronischen Produkt ist: Es ist nur ein Gerät und kein Lebewesen. Wenn ein echtes Tier stirbt, dann ist das nicht rückgängig zu machen, da lässt sich die Vernachlässigung nicht durch einen Knopfdruck wieder gutmachen. Das ist die Gefahr bei all diesen Computerspielen: Man schießt einen Menschen ab oder überfährt ihn. Aber kurz darauf steht er wieder auf und kann erneut verfolgt werden. Nur im richtigen Leben ist das nicht möglich. Doch bei Kindern entsteht der Eindruck: Es ist ja gar nicht so schlimm, wenn man einen Menschen oder ein Tier umbringt, sie werden ja wieder lebendig.

Eventuell können Eltern mit dem Gerät ihr Kind testen, ob es in der Lage und willens ist, ein echtes Haustier zu betreuen. Nur muss man sich darüber im klaren sein, dass der „Ernstfall“ doch noch etwas anderes ist. Wirklich hegen und pflegen kann man nur ein echtes Lebewesen, wirklich Verantwortung übernehmen kann man nur bei einem Tier oder einem Menschen. Nur hier kann man Gemütswerte entwickeln und echte Zuwendung praktizieren. Nur hier kann man Liebe erfahren und geben.

Über die liebende Zuwendung von Mensch zu Mensch spricht der Epheserbrief in einer christlichen „Haustafel“ (Kapitel 5, Vers 25 bis 33). Dort wird die Liebe zwischen Eheleuten verglichen mit der Liebe Christi zu seiner Gemeinde. Christus bemüht sich so um seine Gemeinde, dass sie ohne Flekken und Runzeln dasteht. Durch die Taufe wird sie gereinigt und steht heilig und untadelig da. So soll auch ein Mann seine Frau lieben wie seinen eigenen Leib, und die Frau ihren Mann lieben wie ihren eigenen Leib. Der Ehepartner gehört mit zum eigenen Fleisch und Blut. Man nährt und pflegt ihn, als wäre es der eigene Körper. Und so sorgt auch Christus für jeden Teil seines Leibes, für jedes einzelne Gemeindemitglied.

Das ist etwas ganz anderes als die Bedienung einer Maschine wie es das Tamagotchi darstellt. Liebe, Ernährung und Pflege ist etwas weit umfassenderes als ein Knopfdruck. Sie fordern den ganzen Menschen, aber sie geben auch alles. Wer diese Liebe empfängt, funktioniert nicht automatisch, sondern fühlt sich geliebt und wirklich ernst genommen. Liebe kann man nicht an einem Spielgerät lernen, man muss sie wirklich ausüben.

Zugang zu meinem Inneren Zugang

Im Krankenhaus zieht mir der Arzt etwas Blut aus dem Arm für eine erste Untersuchung. Als er längst wieder weg ist, stelle ich fest, dass eine Nadel mit einer Verschlusskappe noch in meiner Armbeuge steckt. Bald darauf fragt eine Schwester: „Wo ist denn Ihr Zugang - rechts oder links?" Da wird mir deutlich: Jetzt haben sie einen Zugang zu meinem Körper! Und zwar nicht in einen Randbereich wie beim Zahnarzt oder beim Hals-Nasen-Ohren-Arzt, sondern bis in jeden Winkel meines Körpers hinein. Jetzt brauchen sie mir nichts mehr zu trinken zu geben, um die Nieren durchzuspülen. Jetzt geht das über die Flasche direkt in die Blutbahn: Kochsalzlösung, Zuckerlösung, Medikamente, Kontrastmittel.

Andererseits eröffnet sich damit auch eine faszinierende Welt des menschlichen Inneren. Einige Aufnahmen meiner Venen konnte ich sehen: Die Adern verzweigen sich immer mehr, werden dünner, zuletzt sind sie nur noch wie ein Schleier. Da sieht man erst einmal, wie wunderbar der menschliche Körper ist und wie erstaunlich lange dieses ganze System funktioniert. Und man ahnt auch, welche Folgen die geringste Störung haben kann. Mir fiel das Psalmwort ein: „Ich danke dir dafür, dass ich wunderbar gemacht bin!" (Psalm 139, Vers 14). Ein Blick ins Innere des Körpers kann nur zum Staunen und zur Dankbarkeit führen. Aber irgendwie wird man doch davon berührt, dass nun auch andere sich da einmischen können.

Geht das vielleicht auch mit der Seele des Menschen? In einem gewissen Maße geht das schon: Man kann einen Menschen psychologisch auseinander nehmen, kann seine Abgründe und seine geheimsten Wünsche aufdecken. Auch durch chemische Mittel kann man die Seele eines Menschen beeinflussen. Vor allem seine Stimmungslage kann man dabei umpolen: Ist ein Mensch niedergeschlagen und antriebsschwach, so erhält er einige Tabletten und ist nach kurzer Zeit ein „Hans-Dampf-in-allen-Gassen": Er sprüht vor Überaktivität, will witzig sein und hat die verrücktesten Ideen. Die Umgebung aber schüttelt nur mit dem Kopf, weil ein Mensch sich so sehr verwandelt hat und nicht mehr die richtigen Maßstäbe findet. Geheilt ist er damit allerdings noch nicht, denn es ist zunächst einmal alles nur Chemie.

Aber irgendeinen Bereich braucht der Mensch schon, wo er für sich allein ist und wo keiner hineinschauen kann. Nur ganz lieben Menschen gewährt man einmal einen Blick ins eigene Innere. Vor allem unter Eheleuten wird das so sein. Aber vielleicht auch zwischen Eltern und Kindern, zwischen Freunden und Freundinnen oder zwischen Pfarrer und Beichtendem. Man entscheidet aber immer selber, wie weit dieser Blick gehen darf.

Und wie ist es dann mit Gott? Lassen wir ihn gern hineinsehen oder sperren wir uns gegen ihn? Hat er nicht so etwas wie Röntgenaugen, mit denen er jeden Winkel unsres Herzens sehen kann? Gott weiß sowieso alles von uns. Doch das ist keine Bedrohung oder Bevormundung, sondern eine Hilfe und große Beruhigung. So bittet auch der Beter des 139. Psalms am Schluss seines Gebets: „Erforsche mich, Gott, und erkenne mein Herz, prüfe mich und erkenne, wie ich's meine. Und sieh, ob ich auf bösem Wege bin, und leite mich auf ewigem Wege!" (Vers 23 bis 24).

Der Arzt sieht sich das Herz an oder den Magen oder die Venen. Aber er sieht immer nur Körperorgane. Gott aber sieht den ganzen Menschen, sieht auch in sein Inneres, auch in sein Herz im übertragenen Sinne. Das ist auch gut so. Abgesehen davon, dass wir es sowieso nicht verhindern können, haben wir doch die Chance, dass uns dadurch geholfen werden kann. So wie beim Arzt können wir von innen heraus gesund und neu werden, wenn wir Gott nur in unser Inneres lassen.

Liebe Schwestern und Brüder! Wir sind Brüder

Zu einer seiner Sendungen hatte Jürgen Fliege auch einen katholischen Priester eingeladen. Bei der Verabschiedung bezeichnete er ihn als seinen „confrater". Dieses Wort ist aus der Geheimsprache der Theologen, dem Latein, und bedeutet „Mitbruder". Der katholische Pfarrer ist also ein „Mitbruder". „Nur" ein „Mitbruder", denn offenbar gibt es auch noch andere, die richtige Brüder sind - und natürlich auch Schwestern, das darf man heute ja nicht vergessen.

Doch ist es nicht so: Entweder man ist Bruder oder man ist es nicht. Ein bisschen Bruder, das gibt es doch wohl nicht. Was soll da der „Mitbruder"? Ist das nur ein Stiefbruder, der an sich Bruder sein sollte oder sein könnte, aber es doch nicht so richtig ist? Man will ihm zwar den Brudertitel nicht so ganz verwehren, aber man setzt sich doch von ihm ab, weil man nicht in jeder Hinsicht mit ihm einverstanden ist.

Das Gleiche gilt ja von den „Mitbürgern". Da gibt es auf einmal „ausländische Mitbürger" oder „ehemalige Mitbürger" oder frühere „jüdische Mitbürger". Was sind sie denn nun: Echte Mitbürger mit allen Rechten und Pflichten oder doch nur Einwohner zweiter Klasse? Die Vorsilbe „mit", die hier an sich die Verbindung und die Hinwendung unterstreichen soll, trennt mehr, als dass sie eint. Deshalb, liebe Schwestern und Brüder, ihr seid richtig Schwestern und Brüder, nicht nur so „mit nebenbei"!

In der Kirche ist es weitgehend üblich, dass sich bestimmte Kreise nach biblischem Vorbild als Bruder und Schwester anreden. Aber auch da gibt es Unterschiede, die mehr distanzieren als verbinden. Zunächst ist man der „Herr Vikar" und erst nach der Ordination dann ein „Bruder", aber der Vorgesetzte bleibt weiterhin der „Herr Oberkirchenrat". Wenn einer aber nicht mehr bei der Kirche beschäftigt ist, dann ist er auch kein Bruder mehr, sondern ein gewöhnlicher Herr. Irgend etwas stimmt doch nicht an dieser kirchlichen Praxis.

Außerdem: Warum soll die Anrede „Bruder" oder „Schwester" nicht auch für die Mitglieder des Kirchenvorstandes gelten oder für den Hausmeister? Sind nicht alle, die zur Kirche gehören, Schwestern oder Brüder? Der Unterschied, ob man evangelisch oder katholisch oder orthodox ist, ist demgegenüber doch gering. Da braucht man sie doch nicht abzuqualifizieren mit dem Kunstwort „Mitbruder".

Jesus sagt: „Einer ist euer Meister. Ihr aber seid alle Brüder!" (Matthäus 23, Vers 8). Könnte man nicht statt der etwas veralteten Anrede „Bruder" sich einfach mit „Herr" oder „Frau" anreden, so wie das heute im üblichen Leben üblich ist? Die innere Verbundenheit, das gemeinsame Wollen und die „Einigkeit im Glauben" muss doch darunter nicht leiden! Christen sind nicht anders als andere Leute auch, ihr Christsein wird nicht besser durch die Anrede.

An sich finde ich es ganz gut, sich in der Kirche als „Bruder" und „Schwester" anzureden. Nur bitte nicht beschränkt auf die Berufsgruppe der Pfarrer. Das widerspricht nämlich ganz dem Gedanken der Brüderlichkeit. Bei den Pfarrern wird diese Anrede ja nicht von einer bestimmten Gruppe untereinander vereinbart, sondern sie ist sozusagen amtlich verordnet. Wer dabei nicht mitmacht, der wird schief angesehen; der ist dann auch kein richtiger „Bruder", weil er angeblich die richtige Anrede verweigert. Wenn schon Brüder und Schwestern, dann gilt das für alle, ohne den Aufbau künstlicher Schranken und Unterschiede. Einer ist euer Meister, ihr aber seid alle Brüder (und Schwestern)! In diesem Sinne: Bis zum nächsten Mal, liebe Schwestern und Brüder!

Gott ist im Angebot Angebot

Mittwochs nach der Arbeit fahren wir immer zum „Aldi“, am Sonntag gehen wir in die Kirche. „Der Mensch lebt nicht vom Brot allein!“ steht schon in der Bibel. Die Kaufhäuser und das Reformhaus und der Bäcker nebenan sind zwar wichtig für unser Leben. Aber die Nahrung für die Seele ist genauso wichtig. Ein wenig Nachdenken über das Leben, über Gott und die Welt, gehört zum Ablauf einer Woche schon dazu. Coca-Cola kenne ich seit meiner frühesten Jugend. Was haben die drei Dinge - Supermarkt, Kirche und Coca-Cola - gemeinsam? Am 13. Oktober 1999 war es in der Zeitung zu lesen: Die Deutschen gehen mit einem „Werte-Mix“ aus Konsum und Kirche in das neue Jahrtausend. Dabei nehmen Produkt-Marken teilweise einen ebenso hohen Stellenwert ein wie etwa die Kirche. Für 22 Prozent der Befragten 3000 Deutschen über 14 Jahren sind Kirche und Religion genauso wichtig wie „Aldi“ oder „Adidas“. In der persönlichen Wertschätzung rangiert die Bibel mit 19 Prozent noch vor „Coca-Cola“ (18 Prozent) und „McDonalds“ (15 Prozent).

Irgendwie beruhigt mich das schon: Unser Volk ist doch nicht nur auf Konsum aus, sondern fragt auch nach dem Sinn des Lebens. Das Leben soll Spaß machen, aber auch einen Sinn haben. Wie der Leiter des die Befragung durchführenden Freizeitinstituts in Hamburg sagte, fühlen sich aber die Deutschen „bei diesem Mix aus Kirche und Konsum, klassischen Werten und modischer Kleidung durchaus wohl“. Allerdings fanden bei den Jugendlichen größten Anklang Coca-Cola mit 54 Prozent und MacDonalds mit 47 Prozent.

Bei den Rentnern aber standen Kirche und Religion sowie die Olympischen Spiele mit je 40 Prozent an der Spitze. Vielleicht muss man doch erst ein gewisses Alter haben, bis sich die Werte etwas vom Konsum zum Kult verschieben. Maßstab könnte dabei das sein, was Martin Luther in seiner Erklärung zum ersten Gebot schreibt: „Wir sollen Gott über alle Dinge fürchten, lieben und vertrauen!“ Wir dürfen auch die Dinge unsres Lebens lieben und auch ein ganzes Stück weit auf sie vertrauen. Wir müssen schon vorsorgen für unser Leben, müssen unsre geistigen und körperlichen Kräfte einsetzen, damit wir unser Leben regeln können.

Nur weiß ein Christ, dass das nicht alles im Leben ist. Vieles kann auch misslingen, wenn Gott nicht seinen Segen dazu gibt. Wir brauchen andere Menschen, ihre Leistung und ihr Können, wenn wir existieren wollen. Und umgedreht erwarten andere Menschen auch von uns eine bestimmte Leistung. Nur so kann das Leben der Menschen miteinander gelingen.

Aber wir brauchen auch Gott, damit unser Leben erst vollkommen wird. Es geht nicht nur um Arbeiten, Essen und Genuss. Wenn das schon unser Leben ausmachen sollte, wäre es doch etwas dürftig. Leben ist immer auch Leben im Angesicht Gottes und Leben mit Gott. Arbeit und Konsum ist wirklich nur das halbe Leben. Und ohne den Sonntag wäre alle Tage Werktag.

Was ist für unser Leben das Wichtigste. Luther sagt dazu in der Erklärung zum ersten Gebot im Großen Katechismus: „Woran du dein Herz hängst, das ist dein Gott!“ Deshalb dürfen Coca-Cola und all die anderen wichtigen Dinge unsres Lebens nicht zum Gott für uns werden. Sie dienen zur Erhaltung unsres Lebens, aber sie machen nicht das Leben aus. Wir dürfen ihnen nicht mit Ehrfurcht begegnen, sondern Ehrfurcht gebührt nur Gott. Er allein will unser Herz haben. Und wenn er es hat, dann werden auch all die anderen „Lebensmittel“ den richtigen Rang haben. Unser Leben wird nicht mehr bestehen aus immer größerer Hetze nach immer mehr Konsum. Vielmehr werden wir uns geborgen wissen in Gottes Güte und unser Leben ihm allein anvertrauen.

Der Pfarrer als Wettermacher Wettermacher

Zum Straßenfest wünscht man sich immer schönes Wetter. Und weil angeblich der Pfarrer einen „guten Draht“ nach oben hat, soll er das gute Wetter machen. Selbst in kirchlichen Veröffentlichungen findet man diese Vorstellungen. Am Weltgebetstag war die Losung der Herrnhuter Brüdergemeinde die Bibelstelle Jakobus 5, Vers 16: „Des Gerechten Gebet vermag viel, wenn es ernstlich ist!“ In einer Betrachtung dazu schreibt ein Ausleger: „Ein Vater wünschte sich so sehr, dass jetzt Schnee läge, um mit seinem Sohn eine Schneeballschlacht und eine Schlittenfahrt zu machen. Der Sechsjährige aber will dafür beten. Er will den Schlitten holen und der Vater soll schon einmal beten!“

Doch das kann doch kein Beispiel für ein ernsthaftes Gebet sein! Natürlich kann man auch um schönes Wetter beten. Aber wenn zum Straßenfest schlechtes Wetter ist, dann hat man eben Pech gehabt, aber nicht mangelnden Glauben. Schlechtes Wetter zum Fest ist kein Beweis gegen Gott, daran hängt der Glaube nicht. Auch wenn es regnet, kann dennoch das Fest stattfinden.

Aus Afrika wird folgende Geschichte erzählt: Seit Wochen hatte es nicht geregnet und die Ernte war gefährdet. Eine Kirchengemeinde hatte sich zu einem Bittgottesdienst um Regen entschlossen. Aber als sich alle in der Kirche versammelten, da kritisierte der Pfarrer erst einmal die Gemeinde: „Ihr wollt hier um Regen bitten. Aber keiner von euch hat einen Regenschirm mitgebracht! Was wollt ihr denn machen, wenn Gott euer Gebet sofort erhöht und es auf dem Heimweg schon regnet? Geht erst noch einmal nach Hause und holt einen Regenschirm - dann könnt ihr auch um Regen beten!“

Hier ging es nicht um die Bequemlichkeit von Menschen, sondern wirklich um eine existentielle Frage. Dass man in diesem Fall betet, ist klar. Aber der Pfarrer hatte schon recht: Man kann nur beten, wenn man auch vom Erfolg des Gebets überzeugt ist. Dann vermag das Gebet auch viel, wenn es ernsthaft ist.

Ob es damals in Afrika wirklich bald geregnet hat, ist nicht überliefert. Aber auch wenn es mit dem Regen noch dauerte, ist der Glaube nicht zusammengebrochen oder widerlegt. Gott wird schon einen Weg gefunden haben, um seine Gemeinde zu erhalten. Wenn es sich um ein wirkliches Problem handelt, ist das Gebet sicher angebracht. Aber man sollte es nicht so verflachen, dass man es auf das Wetter oder fast nur auf das Wetter beschränkt.

Wünschen wir uns zum Straßenfest gutes Wetter! Und auch wenn das Wetter mehr durchwachsen ist, wird es sicher ein schönes Fest. Nur hat das dann nichts mit Gott und auch nicht dem einen oder anderen Pfarrer zu tun. Das Wetter entsteht nach physikalischen Regeln, ist ein Naturereignis. Im Gebet aber geht es um unser Leben. Dieses hängt nicht vom Wetter ab, sondern von der Fürsorge Gottes. Ihm dürfen wir uns anvertrauen im Gebet. Er wird uns mehr geben als nur gutes Wetter.

Genieße still zufrieden den sonnig heitern Tag.
Du weißt nicht, ob hienieden ein gleicher kommen mag.
Es gibt so trübe Zeiten, da wird das Herz uns schwer,
da wogt von allen Seiten um uns ein Nebelmeer.
Da wüchse tief im Innern die Finsternis mit Macht,
ging nicht ein süß Erinnern als Mondlicht durch die Nacht

(Julius Sturm)

Gott ist nicht schwerhörig Schwerhörig

Dass der alte Holzmichel noch lebt, habe ich schon bei unsrer Kerb (Kirchweih) erfahren. Bei der Kerb im Nachbardorf wurde es noch einmal mitgeteilt. Allerdings saß ich da nicht selber im Zelt, sondern wollte mich gegen Mitternacht ins Bett legen. Das ist rund zwei Kilometer entfernt. Doch es war jedes Wort zu verstehen, die Ansagen und die Lieder. Dabei hat mein Gehör schon etwas nachgelassen. Aber es war, als wäre ich selber dabei.

Warum muss Musik heute nur so laut sein? In meiner Jugend hieß es: „Nur eine Band, die musikalisch unsicher ist, versucht das durch Lautstärke zu vertuschen!“ Da war es ein Qualitätsmerkmal, wenn man leise spielte. Aber heute muss ein Lastwagen mit Anhänger herbeigefahren werden, voll mit Elektronik und Lautsprechern, sonst ist die Musik nichts. Da müssen die Bässe so wummern, dass man die Schallwellen körperlich spürt.

Was manche Kapellen an Lautstärke hervorbringen, ist unerträglich. Ein Handwerker müsste bei so einer Lautstärke Gehörschutz tragen. Beim Frühschoppen bei der „Zeltkerb“ kann man nur mit Brüllen versuchen, sich noch etwas zu verständigen, oder man muss auf die Musikpausen warten. Das Ganze zeigt natürlich, dass sich die Kerb sehr weit von ihrem Ursprung entfernt hat. Die „Kerb“ ist an sich „Kirchweih“ und feiert die Errichtung eines neuen Kirchengebäudes. Doch das wird heute nur noch dadurch deutlich, dass der Gottesdienst an diesem Tag im Zelt gehalten wird, oftmals aber fast ohne Bezug auf die Einweihung der Kirche. Alles andere ist Volksfest, Essen und Trinken und vor allem viel Lärm. Mit dem Lob Gottes, mit dem Dank für die gnädige Bewahrung in vielen Jahrhunderten, mit der Bitte um eine gesegnete Zukunft, hat das aber alles nichts mehr zu tun.

Im 150. Psalm wird beschrieben, wie man Gott sachgemäß lobt. Da ist die Rede von Posaunen, Harfen, Pauken, Saiten und Pfeifen. Nun gut, das waren die Instrumente der damaligen Zeit, einen elektronischen Verstärker gab es damals noch nicht. Natürlich kann man heute auch Saxophon und Keyboard zum Lob Gottes einsetzen. Aber von großer Lautstärke ist in dem Psalm nichts gesagt. Und dass die Posaunen die Mauern der Stadt Jericho zum Einsturz gebracht hätten, das gehört doch wohl in den Bereich der Sage. Man muss Musik nicht so laut spielen, dass das Zelt bebt und die Leute in zwei Kilometer Entfernung noch aus dem Bett fallen.

Aber mir kommt das so vor wie in der Geschichte von des Kaisers neuen Kleidern: Jeder stöhnt über die laute Musik, aber keiner will etwas dagegen sagen. Angeblich ist Lautstärke modern und die Jugend will das so. Keiner will als rückständig gelten. Und weil nur Einzelne die Veranstaltung vorzeitig verlassen und der große Teil des Publikums bis zum Ende ausharrt, meinen auch die Musiker, den Leuten gefalle das. Also wird noch etwas mehr aufgedreht bis zum Anschlag oder das nächste Mal noch eine Lautsprecherbox mehr mitgebracht, damit es noch besser gefällt. Gott kann man damit nicht loben. Gott ist nicht schwerhörig. Und er möchte, dass wir es auch nicht werden.

Lobet Gott mit Psamen, lobet ihn mit Psalter und Harfe.
Lobet ihn mit Pauken und Reigen, lobet ihn mit Saiten und Pfeifen.
Lobet ihn mit hellen Zimbeln, lobet ihn mit klingenden Zimbeln.
Alles, was Odem hat, lobe den Herrn. Halleluja!

(Psalm 150)

Die Kaffeetasse sagt „Guten Morgen“ Guten Morgen

In einem Katalog fand ich das Angebot einer Tasse mit folgendem Spruch: „Gestern ist vorbei, morgen ist noch nicht da und heute hilft der Herr!“ Das Wort stammt von Hermann Bezzel, dem früheren bayerischen Landesbischof. Es ist doch gut, wenn man so ein Wort schon früh morgens auf der Kaffeetasse lesen kann. Da beginnt der Tag doch schon ganz anders.

Bedenken wir einmal die drei Aussagen dieses Spruchs. Menschen werden belastet von der Vergangenheit und tragen eine Schuld mit sich, manchmal selbst verschuldet, aber manchmal auch ohne eigenes Zutun. Man kann das im übertragenen Sinn verstehen, aber auch fast wörtlich, so als hätte man wirklich eine schwere Last auf dem Rücken: Sie haben sich mit einem anderen Menschen verkracht, sie kommen mit ihren heranwachsenden Kindern nicht zurecht, sie haben Raubbau mit ihrem eigenen Körper getrieben, sie haben Angst um ihren Arbeitsplatz. Es gibt so vieles, was unser Leben von der Vergangenheit her belastet und sich noch heute auswirkt.

Menschen haben aber auch Angst vor der Zukunft. Sie fragen: Wohin soll das alles noch führen? Die Arbeit wird knapp, die Natur wird zerstört, man wird langsam alt. Wir können vieles planen. Die Wissenschaft macht immer mehr Fortschritte in Technik, Landwirtschaft, Handel, Medizin und selbst bei der Freizeitgestaltung. An sich müssten wir doch viel beruhigter in die Zukunft blicken können als Menschen vergangener Generationen. Die wussten oft nicht, wie sie sich am nächsten Tag ernähren sollten, und an das Gefühl des Sattseins konnten sie schon gar nicht denken. Aber heute schwebt über vielen Menschen bei uns so ein Gefühl der Unsicherheit.

Das ist an sich unverständlich, weil es uns doch gut geht und auch die verhältnismäßig Armen es immer noch besser haben als die meisten Menschen auf der Welt. Doch seltsamerweise klagen ja gerade die Reichen. Wer viel hat, der kann eben auch viel verlieren. Deshalb denkt er: Ich muss noch mehr anhäufen, damit noch genug bleibt, wenn etwas verloren geht. Und eine Firma mit guten Gewinnen will noch mehr Überschüsse haben, um im weltweiten Konkurrenzkampf „gut aufgestellt“ zu sein.

Dabei haben wir gar keinen Grund, mit Angst in die Zukunft zu schauen: „Morgen ist noch nicht da!“ Und wenn es dann da ist, dann ist immer noch Zeit, alle Kräfte einzusetzen und mit den neuen Herausforderungen fertig zu werden. Während der sogenannten Ölkrise 1973 sagte ein Mann zu mir: „Ich habe mir ein Hundert-Liter-Fass mit Benzin hingelegt. Da kann ich mit meinem Moped noch lange fahren, wenn die anderen keinen Treibstoff mehr haben!“ Wieviel Angst vor der Zukunft steckt doch hinter einem solchen Verhalten! Da gefällt mir doch besser die Einstellung meiner Schwiegermutter: „Wenn die anderen nichts haben, dann will ich auch nichts haben!“

Statt Angst vor der Zukunft ist es viel sinnvoller, sich den Anforderungen der Gegenwart zu stellen. Das Gestern ist abgehakt, das Morgen wird erst noch kommen. Aber: „Heute hilft der Herr!“ Gemeint ist: Gott steht uns bei, wenn wir unseren Tag zu bewältigen haben. Die Vergangenheit spielt insofern eine Rolle, als wir auf gute Erfahrungen in ihr zurückgreifen können. Aber entscheidend ist immer die Gegenwart: Ihr haben wir uns zu stellen, in ihr haben wir uns zu bewähren, in ihr werden wir auch unsere Erfolge erreichen.

Was soll die Sorge um die Zukunft, wenn doch heute der Herr hilft? Mehr brauchen wir doch nicht. Und wenn das Morgen zum Heute geworden ist, dann wird er schon wieder helfen. Wir brauchen keine Hilfe auf Vorrat. Heute hilft der Herr, so wie er in der Vergangenheit geholfen hat und auch in Zukunft helfen wird.

Unser Leben ist wie ein Berg Berg

Wenn man ein Kind an einen hohen Berg führt, wird es treuherzig und ahnungslos sagen: „Da möchte ich hinauf!“ Und wenn man ihm sagte: „So groß wie dieser Berg werden auch die Aufgaben in deinem Leben sein. So beschwerlich wie dieser Berg zu ersteigen ist, so beschwerlich werden auch die Wegstrecken sein, die du im Leben zu bewältigen hast!“ Aber auch jetzt wird das Kind jubelnd sagen, auf das Glück und die eigene Kraft vertrauend: „Ja, das will ich!“ Das ist auch gut so. Denn sähe das Kind schon die dunklen Abgründe oder die Lawinen, dann könnte es rasch den Mut verlieren. Wenn man seinen Weg im Leben machen will, dann muss man frisch und mutig herangehen.

Auch den Beginn einer Woche kann man nicht missmutig und stöhnend beginnen. Viel besser geht es, wenn man sich sagt: „Schön, dass du wieder an die Arbeit gehen kannst. Du bist gesund und hast Kraft, du wirst es schon packen!“ Deshalb haben wir ja auch den Sonntag am Beginn der Woche, damit er uns neuen Mut zum Leben und Schaffen macht.

Wenn man dann vom Gipfel zurückschaut, dann sieht man das Geröll, über das man klettern musste, man sieht die Spalten, in die der Fuß geraten kann, man sieht die Stolpersteine, die den Weg schwer machten. Der eine oder andere Weg hat auch vor einer Steinwand geendet. Dann musste man entweder einen Umweg machen oder die Wand erklimmen.

Oben angekommen schaut man zurück: Liebe und Enttäuschung, Freundschaft und Feindschaft, Geborgenheit und Flucht liegen ausgebreitet vor dem Blick in die Vergangenheit. Haben wir die Einbildung, alles allein geschafft zu haben ohne Hilfe anderer, ohne Hilfe von Gott? So denken vielleicht die Kinder. Die Weisheit des Alters aber gräbt tiefer und legt die Wurzeln frei. Sie erkennt die Hilfe Gottes auch dort, wo man sie früher nicht einmal vermutet hätte.

Vom Gipfel aus versteht man oft besser, warum mancher Umweg zum Ziel klug und richtig war. Durch Krankheit, Arbeitslosigkeit oder den Verlust eines Menschen nehmen manche Lebenswege oft eine überraschende Wendung. Da stellt sich uns viel Böses in den Weg. Es scheint übermächtig zu sein und Gott scheint weit weg zu sein. Manche Menschen verzweifeln daran. Andere aber verlieren ihr Vertrauen auf Gott trotzdem nicht. Da fragt man sich dann: Woher nehmen sie die Kraft, ihren Lebensweg trotzdem zu gehen?

Wer mit Gott lebt, ist das Schwere in der Welt nicht einfach los. Aber er vertraut auf das Psalmwort (Psalm 121): „Ich hebe meine Augen auf zu den Bergen. Woher kommt mir Hilfe? Meine Hilfe kommt von dem Herrn, der Himmel und Erde gemacht hat!“ (Vers 1). Wer sein Vertrauen auf Gott setzt, für den ist das Leben nicht ein hoher Berg, sondern er findet auch in schweren Zeiten die Kraft zum Leben.

Herr, du bist unsre Zuflucht für und für.
Ehe denn die Berge wurden
und die Erde und die Welt geschaffen wurden
Bist du, Gott, von Ewigkeit zu Ewigkeit.

(Psalm 90)

Horoskop oder Losung?

Ehrlich - haben Sie nicht auch schon einmal ein Horoskop gelesen? Ich jedenfalls habe es schon gemacht, „nur so zum Spaß", wie man dann sagt. Für eine meiner Kolleginnen beginnt der Tag erst richtig, wenn sie ihr Horoskop erfahren hat. Sie leiht sich eine Zeitung aus, studiert das Horoskop ausgiebig und teilt uns oft seine Aussagen mit: „Heute habe ich noch finanzielle Vergünstigungen zu erwarten!"

Solchen falschen Hoffnungen kann man mit Vernunft und Aufklärung begegnen. Doch das genügt nicht. Besser ist es, den Glauben an Gott dagegen zusetzen. Es ist wohl nicht verwunderlich, dass jene Kollegin aus der Kirche ausgetreten ist. Wenn man schon keinen echten Glauben hat, dann sucht man sich einen Ersatzglauben, einen „Aberglauben". Schon als Konfirmand habe ich den Spruch von Emanuel Geibel gelernt: „Glaube, dem die Tür versagt, steigt als Aberglaub' ins Fenster. Wenn die Götter ihr verjagt, kommen die Gespenster!"

An irgend etwas muss der Mensch sich halten. So ganz ohne Sinn und Ziel, ohne Weisung und Rat, hält er es nicht aus. Ein Christ findet das alles in Gottes Wort. Weshalb denn nach Ersatz suchen, wenn das Original doch viel besser ist? Einer der schönsten Sprüche im Neuen Testament ist für mich das Wort Jesu aus dem Matthäusevangelim: „Kommt her zu mir alle, die ihr mühselig und beladen seid; ich will euch erquicken!" (Kapitel 11, Vers 28).

Wer zum Horoskop greift, gehört schon zu den Mühseligen und Beladenen. Viele wollen das nicht wahrhaben. Sie sagen: „Ich lese es nur einmal interessehalber, aber ich glaube nicht daran!" Doch wenn es nicht wichtig ist, braucht man es auch nicht zu lesen. Wenn man es aber liest, wird man sich nicht doch davon beeindrucken lassen?

Dabei sind die Aussagen der Horoskope sind ja so allgemein gehalten, dass man zufällig doch einmal etwas findet, das angeblich eingetroffen sein soll. Und dann lässt man sich doch davon beeinflussen. Ganz unmerklich wird man davon abhängig und möchte schließlich das Horoskop nicht mehr missen. Weil aber ein Bedürfnis vorliegt, ziehen auch die Zeitungen mit und drucken Horoskope ab.

Verheißungsvoller ist es, auf Jesu Wort zu hören. Nach der Last einer Woche darf man sich auf das Wochenende freuen. Dazu gehört auch der Sonntag, an dem uns Gottes Wort und die Gemeinschaft mit anderen Christen angeboten wird. Hier ist Gelegenheit, einmal wirklich auszuruhen, über Vergangenes und Zukünftiges nachzudenken und Kraft zu schöpfen für die neue Woche.

Der Sonntag ist ja auch der erste Tag der Woche. Er gibt uns nicht nur die Gelegenheit zum nachträglichen Auftanken, sondern er vermittelt uns schon im voraus etwas für die Woche. Die täglichen Losungen der Brüdergemeine sind dann die kleinen Portionen für jeden Tag der Woche. Kennen Sie das Losungswort? Zwei Bibelworte für jeden Tag, eins aus dem Alten Testament, eins aus dem Neuen Testament, dazu vielleicht noch eine Erklärung. Warum es nicht auch einmal so versuchen: Losungswort aus der Bibel statt Horoskop!

So wie man früh zur Zeitung greift, um im Bild zu sein, so könnte doch der Griff zur Losung der gute Einstieg für den Tag sein. Dann steht der Tag auch unter dem richtigen Vorzeichen, dann kann er auch gut werden. In Gottes Wort steckt eine froh machende Kraft, steckt etwas, das uns erquickt. Es ist die tägliche Nahrung, ohne die wir nicht auskommen können. Es stärkt und erhält den Glauben, so dass wir nicht Zuflucht nehmen müssen zu allerhand Aberglauben, sondern nur noch auf Gott vertrauen.

Gewinnbringende Lebensberatung Lebensberatung

Die Frau hatte ihren Freund verloren. Die Lebensberatung sollte ihr helfen. In der Zeitung standen so Kleinanzeigen, wo man anrufen konnte. Auch aus dem Fernsehen kannte sie Sender, die den ganzen Tag über nur solche Angebote sendeten. Der erste Anruf war noch kostenlos, zum Anfüttern gewissermaßen. Aber nachher kostete jeder Anruf zwei Euro. Und sie hat oft angerufen, sie wurde abhängig. Bei jeder Entscheidung hat sie erst angerufen, sie wurde völlig unfrei.

Eine Journalistin hat einmal einen Test gemacht bei so einer Nummer. Es wurde ihr gesagt, sie werde einmal keine Kinder bekommen - dabei hatte sie schon zwei. Diese Ratschläge sind also völliger Unsinn. Aber es gibt Firmen, die verdienen damit viel Geld. Sie bieten gleich das volle Programm: Kartenlegen, Astrologie und Esoterik. Der Geschäftsführer einer solchen Firma sagt aber: „Wir geben keine Garantie für die Richtigkeit der Beratung unserer Mitarbeiter, über die Qualität der Beratung entscheidet der Kunde selbst!“

Fachleute auf dem Gebiet der Psychologie sagen dagegen: „Der Mensch muss mit seinen Problemen selber fertig werden!“ Das ist in gewissem Sinne richtig. Aber man darf sich dafür dennoch auch Rat bei anderen holen. Eine Möglichkeit dazu ist die Telefonseelsorge der Kirchen. Nur muss man dabei darauf achten, dass man nicht eine angebliche Telefonseelsorge mit einer 0900-er Nummer erwischt. Ein Anruf bei der ökumenischen Telefonseelsorge dagegen ist kostenlos. Sie berät zwar auch über Telefon, weil viele Menschen sich in der Anonymität eher trauen, etwas zu sagen. Aber hier geht es nicht ums Geld, sondern um wirkliche Hilfe, auch vom Glauben her.

Offenbar gab es die falschen Wahrsager aber schon immer. Im Alten Testament rügt der Prophet Micha die führenden Leute im Staat, die ihrem Volk die Haut abziehen und das Fleisch von den Knochen fressen. Er wendet sich aber auch gegen die falschen Propheten, die den Mächtigen nur nach dem Mund reden. Wenn man ihnen zu essen gibt, dann sagen sie, es werde allen gut gehen. Deshalb verflucht sie der Prophet Micha und sagt: „Diese Wahrsager sollen zu Spott werden!“ (Micha 3, Vers 7).

Wenn einer gegen Geld „wahrsagt“, dann ist das immer eine faule Sache. Wir brauchen Beratung. Es ist schlimm, wenn einer allein durchs Leben gehen muss oder will. Deshalb dürfen wir den Rat anderer Menschen gern annehmen. Das können Verwandte oder Bekannte sein. Aber auch die Kirche macht das Angebot. Wenn man nicht zu seinem Pfarrer am Ort gehen will, dann steht auch jeder andere Pfarrer zur Verfügung, zum Beispiel auch an einem Urlaubsort. Und dann - wie gesagt - die Telefonseelsorge.

Aber es wird sich dabei wohl doch zeigen: Es geht nicht nur um den Rat von Mensch zu Mensch. Der ist auch gut und wichtig. Aber man wird dabei nicht den Rat der Bibel auslassen können. Dort gibt es zwar nicht auf jede Frage gleich die passende Antwort. Aber von der Grundaussage der Bibel her kann doch mancher Hinweis gegeben werden, Trost und Zuversicht, Rat und Hilfe.

Dennoch bleibe ich stets bei dir;
denn du hältst mich mich bei meiner rechten Hand,
du leitest mich nach deinem Rat
und nimmst mich am Ende mit Ehren an.

(Psalm 73, 23 bis 24)

Mein Haus, meine Yacht, mein Auto Grundsicherung

Der Mann, der da drei Bilder vor sich ausbreitet, sieht gut aus. Stolz zeigt er seinem Gegenüber, wozu er es gebracht hat: Ein Haus, groß wie eine Villa; eine Yacht, größer als manches Haus; ein Auto, das mehr kostet, als viele Menschen in ihrem gesamten Leben verdienen. Die Szene stammt aus einem Werbefilm, der vor einigen Jahren im Fernsehen lief. Der Kern seiner Aussage lag auf der Hand: Wer die richtigen Finanzberater hat, kommt groß heraus. Unterschwellig vermittelte der kurze Werbestreifen aber noch eine zweite Botschaft: Du musst viel haben, um glücklich und anerkannt zu sein.

Es ist nicht abzustreiten, dass es bei uns eine Gerechtigkeitslücke gibt. Der Unterschied zwischen den Einkommen der sogenannten kleinen Leute und den Großverdienern ist enorm: Manager und Führungskräfte erhalten schwindelerregende Beträge, die Firmen machen Riesengewinne, aber für die Arbeiter und Angestellten werden die Löhne gedrückt, weil das Unternehmen angeblich nur so konkurrenzfähig bleiben kann.

Das wird als Gerechtigkeitslücke empfunden, auch wenn die Klagen vielleicht etwas übertrieben sind. Die „Grundsicherung" ist ja gewährleistet: Wer unter 700 Euro Rente hat, erhält einen Zuschlag, und das sind zur Zeit immerhin zwei Prozent der Rentner. Im Vergleich zu anderen Ländern geht es uns insgesamt gesehen sehr gut. Aber man vergleicht sich nicht mit anderen Ländern, sondern mit den Gutverdienenden im eigenen Land. Das ist auch richtig so, auch bei uns soll es gerecht zugehen, denn so gut kann gar kein Mensch sein, dass er so viel mehr Geld dafür verdiente als die anderen. Wenn es Ungerechtigkeit gibt, dann ist es Aufgabe der Menschen, diese aufzuheben, sei es nun im eigenen Land oder weltweit.

Doch gerade die weltweite Gerechtigkeit stößt uns schwer auf. Jahrzehntelang haben wir uns daran gewöhnt, auf Kosten anderer Länder zu leben: Unsere Exportgüter waren teuer, die Naturprodukte aus den Entwicklungsländern aber waren viel zu gering bezahlt. Der alte Kolonialismus ging mit Hilfe der ungleichen Handelsverträge weiter. Jetzt aber sind international tätige Firmen darauf gekommen, ihre Produktionsstätten in Billiglohnländer zu verlegen. Sie tun das nicht aus Menschenfreundlichkeit, sondern um ihren Gewinn zu vergrößern. Aber für diese Länder führt das dazu, dass sie nicht mehr auf die milden Gaben aus Westeuropa angewiesen sind, sondern sich selber helfen können. Und wer Bodenschätze wie Erdöl oder Erdgas besitzt, kann die Industriestaaten damit erpressen. Das ist auch ein Stück Gerechtigkeit, wenn sich die Lebensverhältnisse in der Welt angleichen, auch wenn das für uns in Westeuropa sehr schmerzlich ist.

Wir haben ja immer noch ausreichend. Vielleicht können nicht mehr so viele billig Urlaub in Rumänien oder Ägypten machen, vielleicht kommen jetzt Menschen von dort zu uns und sichern hier Arbeitsplätze. Gerechtigkeit gibt es erst, wenn es allen annähernd gleich gut geht und sich jeder selber helfen kann. In der Bergpredigt heißt es: „Trachtet am ersten nach dem Reich Gottes und seiner Gerechtigkeit, so wird euch alles andere zufallen!" (Matthäus 6, Vers 33). Ich muss nicht viel haben, damit mein Leben einen Sinn hat. Der christliche Glaube steht zu dieser Vorstellung in einem scharfen Gegensatz. Bei Gott muss niemand etwas leisten. Niemand muss eine Rolle spielen, keiner eine bestimmte Stellung erreichen. All das braucht es nicht. Aus eigener Kraft lässt sich bei Gott gar nichts ausrichten. Ich muss mich nicht abstrampeln. Es ist Gott, der dem Menschen entgegenkommt. Ein Gott, der das Leben leicht macht, weil er mich annimmt, wie ich bin, auch ohne Haus, ohne Yacht, ohne schnelles Auto.

Wer nicht arbeitet, der soll auch nicht essen! Lohn

Viele sind unzufrieden mit ihrem Einkommen, weil sie sich mit anderen vergleichen. Sie sagen: „Ich arbeite doch viel mehr als der, ich trage eine viel größere Verantwortung!" Und dann vergleichen sich die Busfahrer mit den Zugführern und den Piloten. Oder die angestellten Ärzte mit den freiberuflichen und die Beamten des Bundes mit denen des Landes und der Gemeinden.

Dabei wäre ein anderes Denken doch viel angebrachter: Wenn einer seine Arbeitskraft einem Arbeitgeber oder auch der Allgemeinheit zur Verfügung stellt, dann hat er Anspruch auf einen angemessenen Unterhalt. Angemessen ist dabei, was dem Durchschnittseinkommen der abhängig Beschäftigten entspricht. Wenn dadurch der Lebensunterhalt gesichert ist, dann ist man frei, zu arbeiten, solange man will und so hart man will.

In dieser glücklichen Lage sind zum Beispiel die Rentner (vorausgesetzt, sie erhalten genug Rente) oder die Ärzte, die ihr Budget ausgeschöpft haben und nun kostenlos behandeln könnten. Aber es nutzt einer überlasteten Kindergärtnerin oder einem Arzt im Bereitschaftsdienst gar nichts, wenn sie mehr Geld erhalten, sondern hier müssen die Arbeitskräfte aufgestockt werden. Alles andere ist nur das Streben nach mehr Geld, erleichtert aber nicht wirklich das Leben.

Ein Pfarrer zum Beispiel kann so viel arbeiten wie er will (in der Praxis muss er das sogar), aber er erhält dafür nicht mehr Geld. Selbst wenn er außerhalb seines Berufs Geld verdient, muss er das mit seinem Haupteinkommen verrechnen. Das entspricht diesem Denken: Wer seinen Lebensunterhalt abgesichert hat, der ist frei zum Arbeiten und zur Leistung für andere.

Nun sagen aber manche politische Parteien: „Leistung muss sich wieder lohnen!" Doch die Frage ist schon: Wie will ich die Leistung messen? Leistet ein Maurer weniger als ein Bankmanager? Aber noch mehr muss man sich fragen: Bringe ich denn nur eine Leistung, wenn ich Geld dafür erhalte? Bin ich nicht Gott gegenüber verpflichtet, alles an Leistung zu bringen, auch wenn ich wenig oder gar kein Geld dafür erhalte? Was sind das für Menschen, die ihre Leistung zurückhalten, um dem Arbeitgeber zu schaden?

Nun gibt es allerdings die schönen Bibelsprüche: „Du sollst dem Ochsen, der drischt, nicht das Maul verbinden" und „Ein Arbeiter ist seines Lohnes wert!" oder so ein Spruch wie die Überschrift zu diesen Gedanken. Hier ist allerdings absichtlich falsch zitiert. Richtig heißt es: „Wenn jemand nicht arbeiten w i l l, der soll auch nicht essen!" (2. Thessalonicher 3, Vers 10).

Dieser Satz wird immer wieder gern von Politikern zur Diskriminierung von Arbeitslosen aufgegriffen. Diesen wird pauschal unterstellt, sie seien nur zu faul, um selber ihren Lebensunterhalt zu bestreiten. Doch dieser Bibelvers richtet sich eindeutig gegen die, die nicht arbeiten w o l l e n, und nicht gegen die, die nicht arbeiten k ö n n e n.

Jeder Mensch hat einen Anspruch auf ein angemessenes Leben. Und wenn er das nicht selber leisten kann, sind die anderen verpflichtet, ihn zu unterstützen. Aber niemand hat einen Anspruch darauf, für eine vermeintlich höhere Leistung auch mehr Geld zu erhalten. Gott sorgt für uns in seiner Güte! Das sichert unser Leben, nicht eine wie auch immer gestaltete Vergütung

Wann ist das Maß voll? Genug

Ein Philosophieprofessor nahm ein großes leeres Mayonnaiseglas und füllte es bis zum Rand mit großen Steinen. Anschließend fragte er seine Studenten, ob das Glas voll sei? Sie stimmten ihm zu. Der Professor nahm eine Schachtel mit Kieselsteinen und schüttete sie in das Glas und schüttelte es leicht. Die Kieselsteine rollten natürlich in die Zwischenräume der größeren Steine. Dann fragte er seine Studenten erneut, ob das Glas jetzt voll sei. Sie stimmten wieder zu und lachten. Der Professor seinerseits nahm nun eine Schachtel mit Sand und schüttete ihn in das Glas. Natürlich füllte der Sand auch noch die letzten Zwischenräume im Glas aus.

„Nun, sagte der Professor zu seinen Studenten, ich möchte, dass sie erkennen, dass dieses Glas wie ihr Leben ist! Die Steine sind die wichtigen Dinge im Leben - ihre Familie, ihr Partner, ihre Gesundheit, ihre Kinder, Dinge, die - wenn alles andere wegfiele und nur sie übrig blieben - ihr Leben immer noch erfüllen würden.

Die Kieselsteine sind andere, weniger wichtige Dinge: Ihre Arbeit, ihre Wohnung, ihr Haus oder ihr Auto. Der Sand symbolisiert die ganz kleinen Dinge im Leben. Wenn sie den Sand zuerst in das Glas füllen, bleibt kein Raum für die Kieselsteine oder die großen Steine. So ist es auch in ihrem Leben: Wenn sie all ihre Energie für die kleinen Dinge in ihrem Leben aufwenden, haben sie für die großen keine mehr. Achten sie auf die wichtigen Dinge nehmen sie sich Zeit für ihre Kinder oder ihren Partner, achten sie auf ihre Gesundheit. Es gibt immer noch genug Zeit für Arbeit, Haushalt, Partys und so weiter. Achten sie zuerst auf die großen Steine, sie sind es die wirklich zählen. Der Rest ist nur Sand!“

Es gibt wichtige und weniger wichtige Dinge in unserem Leben. Aber wenn wir es recht betrachten, dann haben wir weit mehr, als wir unbedingt zur Erhaltung unseres Lebens und für ein lebenswertes Leben brauchen. Nur liegt es in der Natur des Menschen, dass er nie zufrieden ist und immer noch mehr erreichen will. Die Folge sind unberechtigte Klagen, die die Lebensfreude hemmen.

Bei manchen Berufsgruppen gehört es zum guten Ton, immer wieder zu klagen und die eigene Situation als bedenklich darzustellen. So ist es üblich, dass die Landwirtschaftsverbände über die schlechten Ernteaussichten klagen; wenn aber die Ernte vorbei ist, hat es jedes Jahr wieder gereicht. Noch schlimmer ist es mit den Banken, die das ganze Jahr über klagen; aber wenn der Jahresabschluss gemacht ist, dann haben sie wieder schwindelerregende Gewinne gemacht.

Allgemein kann man sagen: Wir haben mehr als wir brauchen. Man kann zwar immer noch mehr draufsatteln. Aber lebensnotwendig ist das nicht unbedingt. Deshalb kann man auch auf manches verzichten oder anderen vom Überfluss abgeben. So meint es auch Jesus in einem Wort, das in Lukas 6, Vers 38, überliefert ist: „Gebet, so wird euch gegeben. Ein voll, gedrückt, gerüttelt und überfließend Maß wird man in euren Schoß geben: denn eben mit dem Maß, mit dem ihr messet, wird man euch wieder messen!“

Er meint also: Wer viel weg gibt, wird auch wieder viel erhalten. Keiner muss Angst haben, er käme zu kurz im Leben. Im Gegenteil: Wer loslassen kann, der wird oft um so mehr beschenkt. Er hat nur ein grob gefülltes Maß weggegeben. Aber er erhält ein Gefäß zurück, das mehr als voll ist, in das man den Inhalt noch hineingedrückt hat und es geschüttelt hat, das aber dennoch fast am Überfließen ist. Das ist doch ein schönes Bild für das, was uns im Leben immer wieder geschieht: Wir haben genug, wir werden noch zusätzlich beschenkt, wir brauchen uns keine Sorgen zu machen.

Grenzen des Wachstums: Warum muss es immer mehr sein? Wachstum

Ein Baum macht eine bestimmte Entwicklung durch. Diese braucht ihre Zeit, man kann nichts beschleunigen. Aber eines Tags hat der Baum seine im Erbgut vorgegebene Größe erreicht, er wird nicht mehr größer. Es kommt vor, dass noch einzelne Äste absterben und vielleicht wieder neu nachwachsen. Aber im Grunde ist das Ziel für den Baum erreicht. Ein Baum nimmt keinen Kredit auf, denn er kann nicht über seine Verhältnisse leben. Er wächst jetzt nur noch an den Wurzeln, damit er fester gegründet ist und damit er besser an Nährstoffe herankommt. Und er bringt Früchte hervor, jedes Jahr wieder neu, nicht jedes Jahr gleich stark, aber doch ausreichend.

Der Baum ist uns ein Vorbild, wenn es um die Wirtschaftsentwicklung geht: Es muss nicht jedes Jahr mehr werden. Es kann auch nicht jedes Jahr mehr werden, weil irgendwann die Grenze des Wachstums erreicht wird. Man muss auch mit kleineren Rückschlägen rechnen. Aber das ändert nichts daran, dass man weiter stark entwickelt bleibt und gut leben kann. So können auch wir nur froh sein, dass wir ausreichend haben.

Und wir h a b e n ausreichend, wenn wir uns nur mit denen vergleichen, die weit weniger haben als wir. Aber es liegt nun einmal in der Natur des Menschen, dass er sich mit den Höheren vergleicht. Gerade die Reichen wissen immer noch einen, der mehr hat als sie. Und selbst wenn man der Erste im Wirtschaftszweig ist, will man immer noch eine Gewinnsteigerung um 25 Prozent erreichen. Und wer viel schöne Zinsen erhält, schafft sie ins Steuerparadies, damit er nicht auch noch die Steuer dafür an den Staat bezahlen muss

Der Daimlerkonzern wird nervös, weil der Gewinn vor Steuern von acht Milliarden auf zwei Milliarden gefallen ist. Dann werden schnell Mitarbeiter entlassen, damit es im nächsten Jahr nicht wieder sechs Milliarden weniger sind. Die Manager werden für die Entlassungen gelobt und erhalten besondere Vergütungen. Aber irgend etwas ist doch krank an diesem Denken, das immer mehr Gewinn will.

Die Reichen haben ja auch etwas zu verlieren. Auch wenn es nur vergleichsweise wenig ist, vergießt eine Milliardärin aus Franken Tränen oder wirft sich sogar ein Milliardär in Blaubeuren vor den Zug, weil seine Firmen ins Wanken gekommen sind.

Auf der anderen Seite gibt es viele Beispiele, wie verhältnismäßig arme Familien doch zufrieden sind und sich mit dem einrichten, was sie haben. Das Glück im Leben hängt nicht davon ab, wie viel Geld man zur Verfügung hat.

Vom Baum des Lebens ist am Anfang und Ende der Bibel die Rede: In der Erzählung von der Schöpfung spielt der Baum des Lebens - der auch Baum der Erkenntnis genannt wird - eine zentrale Rolle. Auch dort wollen die Menschen immer mehr haben, wollen so klug sein wie Gott. In der Offenbarung, dem letzten Buch der Bibel, wird der Baum des Lebens zweimal erwähnt (Kapite l2, Vers 7 und Kapitel 22, Vers 2). So kann auch uns der Baum ein Symbol und eine Mahnung sein, die Grenzen des Wachstums zu erkennen. Wir haben genug, es reicht noch aus. Gott wird unser Leben schon erhalten.

Zeit für die Männerquote? Männerquote

Alle Welt redet von der Förderung der Frauen. Manche politische Parteien haben eine „Frauenquote“ eingeführt. Bei Stellenausschreibungen heißt es manchmal, dass Frauen bei entsprechender Qualifikation vorgezogen werden, auch in leitender Stellung. Und Frauen übernehmen in Handwerk und Industrie Tätigkeiten, die bisher als typischer Männerberuf galten. Selbst ins Militär dringen die Frauen schon vor. Ist es da nicht an der Zeit, in manchen Bereichen schon wieder eine „Männerquote“ einzuführen?

Die Gründe für diese Aufteilung in männliche und weibliche Berufe mögen in der Tradition und in Vorurteilen liegen, sie haben aber wohl auch etwas mit der Bezahlung zu tun. Zwar gilt der Grundsatz „Gleicher Lohn für gleiche Arbeit!“ Doch manche Arbeiten werden halt nur Frauen angeboten oder zugemutet, und das sind die schlechter bezahlten. So bestehen dann ganze Abteilungen fast ausschließlich aus Frauen. Nur der Abteilungsleiter, das ist dann wieder ein Mann.

Nach der Bibel sind Mann und Frau gleich. Schon im ersten Kapitel steht: „Gott schuf den Menschen zu seinem Bilde. Er schuf sie als Mann und Frau!“ (1. Mose 1, Vers 27). Und im zweiten Kapitel steht diese wunderbare Erzählung von Adam und Eva: Die Frau wird aus der „Rippe“ des Mannes gemacht. Der Mann braucht unbedingt eine Ergänzung, sonst kann er nicht leben. Die Tiere können ihm keine Partner sein. Erst als er die Frau sieht, sagt er: „Das ist Fleisch von meinem Fleisch!“

Nicht der Mann ist die Krone der Schöpfung, sondern der Mensch, der aus Mann und Frau besteht. Die Frau ist aus dem gleichen „Material“ gemacht wie der Mann; sie sind gleichwertig und ergänzen sich vortrefflich. Eine Zurücksetzung der Frau lässt sich deshalb aus der Bibel nicht begründen. Sie ist vielmehr aus anderen kulturellen und sozialen Traditionen erwachsen.

Auf der anderen Seite bedeutet das, dass natürlich auch Männer nicht von bestimmten Bereichen ausgeschlossen werden dürfen. „Kindergärtner“ gibt es ja schon. Aber ein Mann, der Hebamme werden möchte, dürfte es doch ziemlich schwer haben. Ein Mann, der einfach nur so als Schreibkraft eingesetzt wird, ruft doch Erstaunen hervor. In Zukunft werden wir uns da aber noch an Manches gewöhnen müssen. Eine gute Mischung zwischen Männern und Frauen im Beruf wäre nicht schlecht. Nur die Qualifikation sollte eine Rolle spielen, nicht das Geschlecht.

Auch der Apostel Paulus stellt sich gegen die Auffassungen seiner Zeit, wenn er schreibt: „Ihr seid alle Gottes Kinder durch den Glauben an Jesus Christus..... Hier ist nicht Jude noch Grieche, hier ist nicht Knecht noch Freier, hier ist nicht Mann noch Frau. Ihr seid alle einer in Christus Jesus!“ (Galater 3, Vers 26 und 28).

Im Glauben gibt es schon gar keine Unterschiede zwischen Mann und Frau (oder auch Frau und Mann). Es stimmt doch einfach nicht, dass die Frauen religiöser seien als die Männer oder dass Männer sich religiöser Gefühle schämen müssten Die Aufgaben in der Familie lassen sich nicht so aufteilen, dass die Frau für die „K“ zuständig ist „Kinder, Küche, Kirche“, der Mann aber hinaus muss ins feindliche Leben, um für den Schutz und den Unterhalt der Familie zu sorgen.

Sicher hat jeder unterschiedliche Eigenschaften, Begabungen und Fähigkeiten. Doch die lassen sich nicht nach dem Geschlecht aufteilen, sondern liegen in der Person des betreffenden Menschen begründet. Gott hat die Menschen zwar individuell geschaffen, jeder hat seine besonderen Eigenschaften. Aber die Menschen sind alle gleichrangig und gleichwertig. Da sollten nicht künstlich Unterschiede geschaffen werden.

Unsere Welt - ein Gefängnis? Gefängnis

„Warum, wenn Gottes Welt doch so groß ist, bist du ausgerechnet in einem Gefängnis eingeschlafen?“ Von diesem Wort des islamischen Gelehrten Rumi ging die Theologin Dorothee Sölle in einem Vortrag aus. Sie legte diesen Ausspruch so aus: Unsere ganze Welt ist ein Gefängnis. Mit „Welt“ meinte sie damit die westlich-demokratisch-marktwirtschaftliche Welt, die man auch als „kapitalistisch“ bezeichnet. Vielleicht sollte man dabei wissen, dass Frau Sölle für die damalige „Linke Liste“ kandidierte und den „Sozialismus als kollektiven Traum einer besseren Gesellschaft bewahren“ wollte.

Nun ist natürlich unsere Gesellschaft verbesserungswürdig und auch sicher verbesserungsfähig. Die Hochrüstung in der ganzen Welt ist schon so etwas wie ein Gefängnis. Und es ist auch so, dass unser Reichtum auf der Ausbeutung der Armen beruht. Aber sicher ist es nicht so, dass nur die Armen eine Beziehung zu Gott haben. Vielleicht sind sie offener für ihn, weil sie sich Hilfe von ihm erhoffen, während die Reichen meinen, sie könnten sich selber helfen. Aber Jesus liebte auch den reichen Jüngling. Er sagt zu ihm laut Markus-Evangelium: „Verkaufe alles, was du hast, und gib es den Armen; und komm und folge mir nach!“ (Kapitel 10, Vers 21). Auch der Reiche hätte Jesus nachfolgen können, wenn er bereit gewesen wäre, auf alle anderen Sicherungen zu verzichten.

Wir können die Armut in der Welt und bei uns nicht romantisch verklären und sagen: „Sei froh, dass du arm bist. Die Reichen haben viel mehr Sorgen als du. Im Grunde hast du viel mehr Lebensqualität und bist Gott viel näher!“ Armut ist eine ganz schlimme Unfreiheit. Wohlstand dagegen ist eine der Voraussetzungen für die Freiheit. Der reiche Jüngling hat diese Möglichkeit nicht genutzt. Er hat sich von seinem Reichtum gefangen nehmen lassen und wurde unfrei. Er hat sich nicht gefragt: Wozu ist mir denn der Reichtum gegeben? Hätte er ihn weggeben können wie der Schauspieler Karl-Heinz Böhm, dann hätte er ihn richtig eingesetzt und wäre wirklich frei geworden. Reichtum oder auch nur Wohlstand ist ein Grund zur Dankbarkeit gegenüber Gott.

Wir können nicht unsere Zivilisation um 300 Jahre zurückdrehen. Doch auch in unserer Welt kann man so leben, dass nicht nur das Schaffen von Sachen das Leben ausmacht. Eine Radtour mit der Familie, der Biss in einen Apfel, die Aussicht von einem Berg, ja selbst der Spaziergang durch das pulsierende Leben der Großstadt kann Lebensqualität bedeuten..

Allerdings wird das jeder in seinem Lebensbereich etwas anders erfahren. Wer als Beamter eine gesicherte Stellung hat, kann gut gegen die Rüstungsindustrie reden. Der Arbeiter jedoch, dessen Arbeitsplatz davon abhängt, sieht es anders. Soll man ihm sagen: „Du musst aus deinem Beruf ausscheiden, sonst kannst du nicht selig werden?“ Es geht ja gar nicht nur um das Heil des Einzelnen. Viel wichtiger ist, miteinander die Verhältnisse so zu ändern, dass alle in Freiheit und im Sinne Gottes leben können.

Wo steht das eigentlich, dass es nur auf das persönliche Seelenheil ankomme und die Erfüllung erst jenseitig sei? Die Bibel sieht den Menschen als Teil des Volkes Gottes und der Schöpfung. Und in der kirchlichen Lehre wird der Mensch längst nicht mehr als Einzelwesen gesehen, sondern in seinen gesellschaftlichen Bezügen und in seinem ganzen Umfeld.

Doch es ist ungerecht, diese unsere Welt als ein Gefängnis zu sehen. Wer so denkt, ist nie im Gefängnis gewesen. Unsere Welt ist die gute Schöpfung Gottes, die wir zu bewahren und immer wieder zu verbessern haben. Hier haben wir uns zu bewähren. Wir können nur dankbar sein für die Welt, in die Gott uns hineingestellt hat.

Gott hat die Fremden lieb Fremde

Im Wahlkampf gab es schon Plakate mit Texten wie „Asylbetrüger raus“ oder noch schlimmer. Unterschwellig soll hier doch der Eindruck erweckt werden: Alle Asylanten sind Betrüger! Sie sind ja gar nicht wirklich aus politischen oder religiösen oder rassischen Gründen verfolgt, sondern sie kommen aus wirtschaftlichen Gründen, weil sie wissen, dass es ihnen bei uns doch besser geht als in ihrer Heimat.

Es gibt natürlich eine Menge „Wirtschaftsflüchtlinge“ unter denen, die an die Tür eines der reichsten Staaten der Welt klopfen. Nur wie will man sie von den „echten“ Asylanten unterscheiden? Es ist schon recht, dass das nicht einfach an der Grenze geschieht, sondern dass da ein rechtsstaatliches Verfahren durchgeführt wird entsprechend den Artikeln des Grundgesetzes. Die wirklich unsre Hilfe brauchen, denen soll auch geholfen werden.

Klar ist auch, dass wir in Deutschland nicht die Probleme der ganzen Welt lösen können. Jene Grundgesetzbestimmung hatte sicher nur die Flüchtlinge aus dem europäischen Raum im Blick. Dennoch bleibt für uns nicht nur die Verpflichtung des Grundgesetzes, sondern auch die Mahnung der Bibel. Im 5. Buch Mose steht: „Der Herr, euer Gott, hat die Fremdlinge lieb, dass er ihnen Speise und Kleider gibt. Darum sollt ihr auch die Fremdlinge lieben: denn ihr seid auch Fremdlinge gewesen in Ägyptenland!“ (Kapitel 10, Vers 18).

Das Volk Israel hat nie vergessen, dass es selber Gastrecht genossen hat. Es hat auch nicht vergessen, dass es auch in Gefangenschaft geraten ist. Deshalb haben seine Propheten immer wieder gemahnt, keine Gewalt gegen Fremde auszuüben. Ja, Israel hat sich sogar selber weiterhin als Gast auf dieser Erde gefühlt.

Viele bei uns haben vergessen, dass sie selber einmal als Flüchtlinge hier angekommen sind. Meine Kollegen haben mir schon mehrfach über die aus dem Ausland zugewanderten Deutschen gesagt: „Die sind kaum eine Woche hier, da kennen sie das Wort ‚Sozialamt' schon. Die wollen uns doch nur den Platz und die Arbeit wegnehmen. Uns hat auch niemand geholfen!“ Es ist schwer, gegen dieses Denken anzugehen. Selbstverständlich ist den Flüchtlingen in der Nachkriegszeit auch geholfen worden: Sie wurden in Wohnraum eingewiesen, erhielten Sachspenden und später Lastenausgleich. Dadurch hatten sie die Möglichkeit, sich seit Jahrzehnten etwas zu schaffen, während die neuen „Fremden“ jetzt erst noch einmal ganz von vorne anfangen müssen.

Jeder kann nur dankbar sein, wenn sein Leben in geregelten Bahnen verlaufen ist, wenn er Wohnung und Arbeit hat, wenn er große Weihnachtsgeschenke machen konnte und ohne Sorgen in das neue Jahr gehen kann. Wer seine Heimat hat nie aufgeben müssen, kann Gott nur dankbar sein für manche Bewahrung. Diese Dankbarkeit könnte sich auch zeigen, indem er zumindest Verständnis hat für die Fremden.

Schließlich sollten wir auch nicht vergessen, dass Jesus gesagt hat: „Ich bin ein Fremdling gewesen, und ihr habt mich beherbergt!“ (Matthäus 25, Vers 35). Wenn wir ihm etwas Gutes tun wollen, dann haben wir dazu den „Fremden“ von nebenan, den ausländischen Einwohner, den Asylanten, den ausländischen Soldaten und Studenten. In ihnen begegnet uns Jesus, der Hilfe und Zuwendung braucht. Dann könnte uns auch deutlich werden, dass wir selber so etwas wie Asylanten sind, die bei Gott aufgenommen wurden. Dann würde uns deutlich, was der Epheserbrief sagt: „So seid ihr nun nicht mehr Gäste und Fremdlinge, sondern Mitbürger der Heiligen und Gottes Hausgenossen!“ (Kapitel 2, Vers 19).

Menschen, die ihre Träume aufgegeben haben ... Träume

An eine Brücke ist in großen Buchstaben gesprüht: „Menschen, die ihre Träume und Hoffnungen aufgegeben haben, sind leicht zu beherrschen!“ Der Spruch steht nicht in der Bibel. Aber er erinnert mich an den 126. Psalm: „Wenn der Herr die Gefangenen Zions erlösen wird, so werden wir sein wie die Träumenden!“ (Vers 1). Gemeint sind damit nicht die Träume in der Nacht, in denen der vergangene Tag bewältigt wird, in denen Ängste abgebaut und Nöte verarbeitet werden. Gemeint sind Träume, die sich auf die Zukunft richten, in denen ein Bild der Zukunft entworfen wird. Jeder Mensch hat solche Träume. Sie gehören einfach zum Menschsein hinzu, denn sie helfen, die Gegenwart zu bewältigen.

Viele Menschen blättern gern in den Katalogen der Versandhäuser oder der Reiseveranstalter. Sie träumen von tollen Sachen und von fernen Zielen. Auch wenn sie wissen, dass sie nie nach Hawaii kommen werden, so ist es doch schön, davon zu träumen. Und manchmal ist es ja sogar möglich, solche Träume zu erfüllen und in die Tat umzusetzen. Nur muss man sich davor hüten, sich allzu sehr auf die Umsetzung eines Traumes zu versteifen. Mancher spielt jede Woche im Lotto, um endlich einmal den Jackpot zu gewinnen. Wenn es aber nicht klappt - wie bei den überaus meisten der Spieler - dann ist die Enttäuschung groß. Das kann dazu führen, dass man die Lust an der Gegenwart verliert oder gar auf kriminelle Art und Weise versucht, sein Ziel zu erreichen.

Die gefangenen Israeliten konnten nur auf Gott hoffen, dass er ihre Träume erfüllen werde. Aus ihrer Heimat waren sie nach Babylon verschleppt worden. Aber sie wollten wieder in die Heimat. Sie waren sich sogar sicher, dass Gott eines Tages die Wende herbeiführen und sie zurückbringen würde. Das gab ihnen die Kraft, dem Werben der Sieger nicht nachzugeben. Diese wollten, dass sie sich ihrer Umgebung anpassten und in dem anderen Volk gewissermaßen untergingen. Selbstverständlich sollten sie auch ihren Glauben aufgeben. Ja, dieser Punkt sollte sogar das Zeichen sein, dass die Anpassung gelungen sei.

Was sie davor bewahrte, war ihr starker Glaube an Gott. Dazu gehörten auch die Träume, die an sich aber gar nicht nur Träume waren, weil sie sich sicher waren, dass Gott sie umsetzen würde. Dieses Wissen gab ihnen Widerstandskraft, den Verlockungen der stärkeren Kultur und der größeren Wirtschaftskraft zu widerstehen. Äußerlich wurden sie zwar beherrscht, aber ihre Herzen gaben sie nicht her: Ihre Überzeugung, ihre Pläne, ihre Wünsche, ihre Hoffnungen und vor allem ihren Glauben konnte ihnen niemand nehmen.

Diese Einstellung könnte auch uns eine Hilfe sein. Träume stärken den Menschen, der mit den Problemen seiner Gegenwart fertig werden muss. Insofern kann man dem Spruch an der Brücke und dem Bibelwort nur recht geben. Es ist gut, wenn die Menschen große Wünsche haben und sich hohe Ziele setzen. Abstriche muss man dann sowieso wieder machen.

Aber das ist besser, als wenn man sagt: Es wird sowieso nichts, da mache ich mir erst gar keine Mühe. Mit dieser Einstellung versäumt man es, gegen die Arbeitslosigkeit oder die Sucht anzukämpfen, die eigene Lustlosigkeit zu überwinden oder dem Mitmenschen zu helfen. Und dann gerät man leicht in ein radikales Fahrwasser und wird anfällig für extreme Parolen. Angeblich sind die anderen daran schuld oder die widrigen äußeren Verhältnisse.

Wer auf Gott vertraut, kann sein wie ein Träumender. Aber er wird sich nicht auf eine ferne Zukunft vertrösten lassen, sondern entschlossen die Aufgaben der Gegenwart anpacken und schon heute kleine Schritte tun, die auf das große Ziel hinführen.

Die Alten ins Altersheim Altersheim

Unsere heutigen Wohnungen sind meist so gebaut, dass sie nur einer Familie Platz bieten. Wenn die Kinder größer geworden sind, müssen sie sich eine neue Wohnung suchen. Wenn aber ein Elternteil schon gestorben ist, dann möchten die Kinder gern in der Wohnung bleiben. Wohin aber mit dem alt gewordenen Vater oder der alt gewordenen Mutter? Als Ausweg erscheint dann das Altersheim, oder wie man heute vornehmer sagt: die Seniorenwohnanlage. Deshalb baut man in einem Neubaugebiet am besten nicht nur einen Kindergarten, sondern gleich auch ein Altersheim: Richtige Wohnungen also nur für die Berufstätigen, für die anderen kasernenartige Massenquartiere.
Es ist gut, wenn Gottes Gebot da eine Warnung aufrichtet. Im vierten Gebot heißt es: „Du sollst deinen Vater und deine Mutter ehren!“ Wir verstehen dieses Gebot heute ganz allgemein und beziehen es auf das Verhältnis zwischen Eltern und jungen Kindern. Aber ursprünglich bezog es sich auf das Verhältnis von Kindern zu den alt gewordenen Eltern. Vater und Mutter konnte man ehren, indem man auch im Alter für sie sorgte und sie mit Liebe und Fürsorge umgab.
Offenbar gab es damit aber auch schon zu biblischen Zeiten Probleme. Deshalb mahnt schon das Alte Testament: „Vor einem grauen Haupte sollst du aufstehn und die Alten ehren!“ (3. Mose 19, Vers 32) oder: „Gehorche deinem Vater, der dich gezeugt hat, und verachte deine Mutter nicht, wenn sie alt wird!“ (Sprüche 23, Vers 22). Und deshalb ist auch die Bitte eines Beters verständlich: „Verwirf mich nicht in meinem Alter, verlass mich nicht, wenn ich schwach werde!“ (Psalm 71, Vers 9).
Heute steht in der Regel keiner mehr vor einem „grauen Haupt“ auf. Im Gegenteil: Da hat sogar ein Busfahrer Schwierigkeiten, den für Schwerbeschädigte reservierten Platz freizukriegen für jemanden, der darauf Anspruch hat. Es ist nicht mehr so wie bei einem früheren Schuldirektor, der seine Schulkinder auch außerhalb der Schule zu einem anständigen Verhalten anhielt.
Es gibt aber auch erfreuliche Beispiele: Kinder, die auch die Unbekannten freundlich auf der Straße grüßen, Menschen, die einer alten Frau die Tasche tragen, Kinder, die sich in rührender Weise um ihre alten Eltern oder auch andere Verwandte kümmern. Und es gibt nicht zuletzt auch die Krankenschwestern und Altenpfleger, die Ärzte und Pfarrer, die rund um die Uhr sich um die Alten in den Heimen bemühen.
Es ist gut, dass es diese Heime gibt, zum Beispiel für Menschen, die nie verheiratet waren und im Alter dann wirklich hilflos sind. Die Heime sind längst nicht mehr die Verwahranstalten früherer Zeit. Heute wird dort so viel Freiheit und selbstbestimmtes Leben gelassen, wie es nur irgend geht. Es gibt altengerechte Wohnungen, es gibt mobile Dienste, die möglichst lang das selbständige Leben ermöglichen sollen.
Gut wäre aber auch, wenn alte Menschen mit der notwendigen Weisheit und Gelassenheit die Probleme angingen. Neulich erzählte eine Frau von einem Gespräch mit einem ihrer Kinder. Die Tochter kam und sagte: „Mutter, du hast mir doch einmal die alte Bauerntruhe versprochen, wenn du einmal nicht mehr bist. Wie wäre es denn, wenn du sie mir jetzt schon gibst?“ Die Frau war natürlich zunächst einmal geschockt wegen dieser Frage. Aber dann sagte sie sich: „Das ist gar nicht so schlecht. Da weiß ich wenigstens, dass es keinen Streit unter meinen Kindern gibt. Und ich kann heute schon erleben, wie sie sich über das Geschenk freuen!“ Wenn doch alle älteren Menschen so denken könnten! Man muss nicht gleich hinter so einem Wunsch etwas Ungehöriges vermuten. Gegenseitiges Verständnis kann zu einem guten Miteinander führen.

Moralische und juristische Schuld Schuld

Der frühere SED-Chef von Berlin, Günter Schabowski, musste sich wegen der Todesschüsse an der Mauer vor einem Berliner Gericht verantworten. Er sagte: „Ich empfinde Schuld und Schmach bei dem Gedanken an die an der Mauer Getöteten. Ich bitte die Angehörigen der Opfer um Verzeihung, und ich muss es hinnehmen, wenn diese Bitte zurückgewiesen wird!" Das klingt ganz anders als die Ausreden von Egon Krenz, der zwar auch Betroffenheit heuchelt, aber die Schuld den Nazis, den Großmächten und der Regierung in Bonn gibt. Er als kleiner Verantwortungsträger habe nichts dagegen tun können.

Schabowski dagegen sagt: „Gegenüber jedem Toten empfinde ich moralische Schuld. Dieses Gefühl der Schuld wird mich wohl immer begleiten. Aber ich kann nicht hinnehmen, zum Schreibtischtotschläger erklärt zu werden!" Er macht also einen Unterschied zwischen der moralischen und der juristischen Schuld. Die moralische Schuld erkennt er an, aber er fühlt sich nicht schuldig im Sinne der Anklage.

Letztlich will er damit natürlich auch straffrei ausgehen. Dahinter steht die Vorstellung, dass die moralische Schuld geringer sei als die juristische. Nur was vor Gericht abgeurteilt werden kann, sei wirkliche Schuld. Alles andere sei mehr so ein Kavaliersdelikt, für das man sich vielleicht schämen kann, aber nicht unbedingt muss. So etwas macht man mit sich selbst im stillen Kämmerlein ab, aber nach außen kann man weiterhin ein Ehrenmann bleiben. Zumindest hat man nicht mehr Schuld als die anderen auch.

Doch ist es nicht gerade umgedreht, dass die moralische Schuld sehr viel schwerer wiegt als die juristische? Es gibt so viele Tatbestände, die sich nicht juristisch fassen lassen. Wir sind empört, wenn ein Übeltäter straffrei ausgeht, weil er gute Anwälte hatte, die eine Gesetzeslücke oder einen Formfehler entdeckten. Wir stöhnen über den Rechtsstaat, der einen moralisch Schuldigen laufen lassen muss, nur weil die Regel gilt: Im Zweifelsfall für den Angeklagten!

Moralische Schuld ist immer auch Schuld vor Gott. Es mag einer von einem irdischen Gericht als freier Mensch davon gehen, aber vor Gott ist er doch schuldig. Wer dem irdischen Gericht entkommen ist, hat damit noch nicht den Freispruch vor dem ewigen Gericht erreicht. Das mag uns trösten, wenn wir enttäuscht sind über das milde Urteil. eines Gerichts: Gott sieht die Sache anders und wird unter Umständen auch anders entscheiden.

Aber vergessen wir nicht: Diese Regelung kommt auch uns selber zugute. Wir sind ja vielleicht auch selber froh gewesen, dass uns die irdische Gerechtigkeit nicht erreicht hat. Vieles haben wir verbergen können. Anderes war verwerflich, wird aber in den Strafgesetzen nicht erfasst. Vielleicht haben wir auch Glück gehabt und sind nur nicht erwischt worden.

Paulus schreibt im Römerbrief: „Es ist kein Unterschied: sie sind alle Sünder!" (Kapitel 3, Vers 23 bis 24). Zu dieser Erkenntnis müssen wir wohl alle erst einmal gelangen. Doch wenn wir diesen Weg gegangen sind, dann dürfen wir auch den zweiten Teil des Satzes hören: „Aber sie werden ohne Verdienst gerecht aus seiner Gnade durch die Erlösung, die durch Christus Jesus geschehen ist!" Wir brauchen uns nicht herauszureden, weder vor dem irdischen noch vor dem göttlichen Gericht. Es würde uns auch nichts nützen, denn vor allem Gott durchschaut uns ganz und gar, auch wenn Menschen uns freisprechen müssen. Gott kennt unsere Schwächen und unser Versagen und nimmt uns dennoch an. Christus hat längst für uns gebüßt. Deshalb dürfen wir zuversichtlich sein, dass wir Gottes Gericht heil überstehen und auf ewig freigesprochen sind.

Tue Gutes, suche Frieden Suche Frieden

Wenn das doch nur so einfach wäre, Gutes zu tun und Frieden zu suchen! Im Psalm 34 wird sogar zu noch mehr aufgefordert. „Lass ab vom Bösen und tue Gutes, suche Frieden und jage ihm nach!" (Vers 15). Doch nicht immer ist es einfach, zwischen Bösem und Gutem zu unterscheiden. Sicher: Das Meiste ist klar: Wir haben die Zehn Gebote Gottes, wir haben die Menschenrechte, wir haben die Gesetze des Staates, wir haben die Gewohnheiten der Gesellschaft - an sich kann man schon wissen, was gut und böse ist.

Als Deutsche denken wir daran, dass es einen Hitler gab, der Lebensraum für sein Volk haben wollte und deshalb alle Juden und alle Slawen und möglichst auch alle Minderheiten vernichten wollte. Wenn dieses Ziel erreicht wäre, dann hätte man Gutes getan und den Frieden gewonnen, meinte man. Doch heute besteht die Gefahr, dass von der deutschen Schuld abgelenkt wird unter Hinweis auf einen, der mindestens genauso schlimm war. Wir Deutschen können nur froh sein, dass die Alliierten des Zweiten Weltkriegs nicht tatenlos den deutschen Diktator gewähren ließen.

Aber wer in einem solchen Fall eingreift, der wird auch schuldig: Bomben sind nie nach dem Willen Gottes. Wer sie dennoch benutzt, wird sich aber sagen: Ich habe es wenigstens einmal versucht. Eine friedliche Lösung war nicht möglich, jetzt gehe ich einmal einen anderen Weg. Er ist mir im Grunde nicht recht, aber ich weiß nichts anderes mehr. Und dann erfindet man solche Begriffe wie „Internationale Gemeinschaft", um sich des Beistands anderer Staaten zu versichern. Es ist in der Tat ja auch ein Unterschied, ob ein Staat einen anderen überfällt, nur um den eigenen Herrschaftsbereich auszuweiten, oder ob eine Mehrheit von Staaten versucht, den Störenfried in seine Schranken zu weisen. Doch man sollte dabei nie vergessen, dass man nicht Gutes tut, sondern bestenfalls nach bestem Wissen und Gewissen aus zwei Übeln eins auswählt.

Auch in unserem privaten Bereich ist es nicht immer leicht, ganz sicher zu wissen, was gut und was böse ist. Da haben Eltern jahrzehntelang ihre Kinder behütet und geleitet, damit ihnen nichts passiert und damit sie zu selbständigen Menschen heranwachsen. Aber wenn die Kinder dann wirklich selbständig werden sollen, dann wollen Eltern sie oft nicht entlassen. Sie haben Angst, die Kinder könnten doch etwas falsch machen. Oder sie könnten in Situationen kommen, die sie bisher noch nicht kannten und wo die Eltern mehr Erfahrung hätten.

Doch es bleibt immer wieder unsere menschliche Aufgabe, vom Bösen zu lassen und Gutes zu tun, den Frieden zu suchen und ihm nachzujagen. Auch wenn wir oft an dieser Aufgabe verzweifeln, so dürfen wir doch in unserem Bemühen nicht nachlassen. Wenn uns ein Mensch geärgert hat, dann ist das kein Grund, es nicht doch immer wieder mit ihm zu versuchen. Wenn einer seinen Fehler einsieht, dann darf man ihm die Umkehr nicht unnötig schwer machen. Man muss jedem Menschen zugestehen, dass er Fehler macht - so wie wir ja auch selber Fehler machen.

„Dem Frieden nachjagen" heißt auch: alle Wege aktiv zu beschreiten, auch bis fast zur Selbstaufgabe der eigenen Auffassung. Als Christen dürfen wir dabei wissen, dass wir Gott bei unserem Bemühen auf unsrer Seite haben. Er hält unser Leben, so dass wir ohne Angst um das selbst das Nötige tun können. Er lässt uns in dem anderen sein Geschöpf erkennen, das er liebt und auf den richtigen Weg bringen möchte. Und er ermuntert uns zu einer starken Hoffnung, dass es besser werden kann. Nur erwartet er auch von uns, dass wir nicht die Hände in den Schoß legen, sondern kräftig daran arbeiten. Dabei können wir schuldig werden. Aber Nichtstun kann auch Schuld sein.

Hilfe in Trauer: Das Lob Gottes! Trauergebet

Eine Gruppe ehemaliger Einwohner jüdischen Glaubens besuchte ihre frühere Heimatstadt. Die Gäste besuchten die Stätten ihrer Kindheit und trafen sich mit Schulkameraden und Nachbarn, die sie zum Teil seit mehr als einem halben Jahrhundert nicht mehr gesehen hatten. Die wenigen überlebenden der Konzentrations- und Vernichtungslager der Nazizeit waren der Einladung der Stadt gefolgt, auch wenn das in mancher Hinsicht nicht leicht für sie war..

Es hat lange gedauert bis es zu dieser Begegnung kam. Aber gefreut haben sich die Leute doch über die Möglichkeit, von sich erzählen zu können. Und sie freuten sich über die Anteilnahme, die ihnen entgegenschlug. Vielleicht fühlten sie sich doch etwas heim geholt in ihre alte Heimat. Einer der verschleppten Jungen hatte ein Landkarte mitgenommen, damit er wieder den Weg nach Hause findet. Er ist nicht zurückgekehrt. Aber bei der Enthüllung einer Gedenktafel sagte eine Verwandte: „Jetzt sind die beiden Jungen doch wieder heim gekommen!"

Der bewegendste Augenblick war, als bei der Gedenkfeier die Gruppe der Gäste sich von den Plätzen erhob und gemeinsam die jüdische Totenklage sprach: „Sein erhabener Name werde groß und geheiligt in der Welt, die er nach seinem Willen geschaffen hat. Sein Reich erstehe (schon) jetzt in eurem Leben und in euren Tagen und im Leben des ganzen Hauses Israel, bald und in naher Zeit, sprechet Amen! Gelobt und gepriesen, verherrlicht und erhoben, erhöht und gefeiert, hoch erhoben und gerühmt sei der Name des Heiligen, gelobt sei er, hoch über allem Lob und Gesang, Verherrlichung und Trostworten, die in der Welt gesprochen werden, sprechet: Amen! Möge die Fülle des Friedens und Leben vom Himmel herab uns und ganz Israel zuteil werden, sprechet: Amen! Der Frieden stiftet in seinen Höhen, er stifte Frieden für uns und für ganz Israel, sprechet: Amen!"

Man fragt sich natürlich: Was hat dieses Gotteslob mit der Situation der Trauer zu tun? Wir erwarten doch eher eine Klage, wie sie eindrücklich in manchen Psalmen festgehalten ist. Wir erwarten Schmerz und Verzweiflung, Leid und Angst. Statt dessen ein Gebet, das von Gottes Herrschaft in unserem Leben spricht, vom Frieden und vom Leben, das vom Himmel herabkommt.

Das Gebet trägt in der Tat die Überschrift: „Das gewöhnliche Kadisch des Trauernden (für Grab, Trauerzeit und Jahrzeit)". Es soll für die Trauer sein und ist doch ein Lob Gottes. So mögen die drei Männer im Feuerofen gebetet haben, von denen im Buch Daniel erzählt wird. So mögen die Juden gebetet haben, als sie in die Gaskammern getrieben wurden.

Die Trauer wird auch durch so ein Gebet nicht weggewischt. Die Vertreibung und Ermordung der Juden und anderer Minderheiten in unserem Volk wird immer Schuld bleiben. Und die Opfer werden nie vergessen können. Die schmerzende Wunde wird immer bleiben, wenn sie auf dem einzig verbliebenen Foto die Angehörigen sehen, die nicht mehr sind. Aber die Trauer wird bewältigt und verarbeitet durch den Glauben an Gott. Das können wir lernen von diesen Menschen, die so viel Leid erfahren haben.

Die Juden hätten allen Grund, dem Staat Deutschland und seinen Bürgern den Rücken zu kehren. Sie sind aber gekommen und haben mit uns geredet, die wir doch zu einem Volk gehören, aus dem die Mörder kommen. Zu solch innerer Größe kann man wohl nur gelangen, wenn man es gelernt hat, so zu beten wie in diesem Lobgebet im Falle der Trauer. Versuchen wir doch auch einmal so zu beten, wenn wir in Trauer sind!

Freispruch aus eigenem Willen nicht möglich Freispruch

Am 30. Juni 2000 sagte Helmut Kohl (wörtlich!): „Ich habe einen ziemlichen Durchhänger gehabt - na und jetzt bin ich aus dem raus!“ Er ist offenbar wirklich davon überzeugt, dass es nur ein „Durchhänger“ war und dass er selber bestimmen kann, wann er „raus“ ist. Schließlich hat er den materiellen Schaden ja wieder mit Geld gut gemacht. Jetzt hat er sich selber nichts mehr vor zuwerfen, und die anderen dürfen es auch nicht. Man sollte wieder zur Tagesordnung übergehen, wollte er wohl sagen.

Das ist typisch dafür, wie wir alle sind. Wir denken: Wenn wir doch unsre Schuld zugegeben haben, wenn wir sie - so gut es geht - wieder beglichen haben, dann muss die Sache doch wieder erledigt sein, da kann man mir die Sache doch nicht immer wieder nachtragen, da ist der andere zur Verzeihung oder gar Vergebung verpflichtet. So soll es gelten für das Leben des einzelnen wie für die Geschichte eines Volkes. Man sagt auch: Das deutsche Volk hat schließlich genug gebüßt, es kann doch nicht ewig als Schuldiger herumlaufen, irgendwann müssen sie doch einmal still sein, die Juden, die Zwangsarbeiter, die ehemaligen Widerstandskämpfer und so weiter.

Im Strafrecht kann es durchaus sein, dass das Verfahren gegen Zahlung einer Geldbuße eingestellt wird. Doch dann darf die Schuld nur gering sein, und das Angebot muss vom Gericht kommen. Der Angeklagte kann so ein Entgegenkommen nicht verlangen, nur um dem Makel der Vorstrafe zu entgehen. Aber Politiker hoffen gern auf diesen Ausgang. Gelegentlich wollen sie auch das Gericht unter Druck setzen, indem sie laut verkünden: „Ich wäre zur Zahlung der Geldbuße bereit!“

Aber in der Kirche ist Buße etwas anderes. Sie hat überhaupt nichts mit Geld zu tun. Das hat ja gerade Martin Luther wieder herausgestellt, als die Leute zu ihm kamen und sagten: „Wir brauchen nicht mehr zu beichten, wir haben schon für unsre Schuld bezahlt!“ Luther hat dagegen seine berühmten 95 Thesen gestellt, von denen die erste die entscheidende ist: „Unser ganzes Leben soll eine Buße sein!“

Bei Gott ist Buße nicht die Reparatur eines kleinen Unfalls, schon gar nicht mit Geld. Nur wenn der ganze Mensch bereit ist, sich voll und ganz zu ändern, kann er sein Leben und sein Verhältnis zu Gott wieder in Ordnung bringen. Da gibt es dann keine Selbstgefälligkeit mehr, kein Pochen auf die eigene Wiedergutmachung, sondern nur noch die Bitte um Vergebung.

Wir sind gar nicht arm, weil Gott uns reich macht. Das geschieht durch eine Währung, die man nicht auf der Bank eintauschen kann, sondern die man sich nur schenken lassen kann. Im Epheserbrief heißt es: „In Jesus Christus haben wir die Erlösung durch sein Blut, die Vergebung der Sünden, nach dem Reichtum seiner Gnade!“ (Kapitel 1, Vers 7). Also: Bei Gott gilt nur das Blut Jesu und der Reichtum seiner Gnade.

Deshalb braucht keiner Angst zu haben vor dem Gericht Gottes. Er braucht nicht krampfhaft zu suchen nach einer Gegenleistung, die er bieten könnte. Er braucht nicht zu stöhnen, dass die Schuld noch immer nicht erledigt ist, dass es mit der Verzeihung noch dauert. Gott setzt den Zeitpunkt fest. Aber wir dürfen sicher sein, dass er vergibt. Und dann dürfen wir sicher sein, dass die Vergangenheit wirklich erledigt ist. Wenn wir uns selbst frei sprechen wollen, bleibt doch immer der Zweifel, ob das wirklich geklappt hat. Und vor allem ist dann noch offen, ob auch die anderen damit einverstanden sind. Gott aber will vergeben, wenn wir diese Vergebung nicht von ihm fordern. Er will sich nicht zwingen lassen, aber er will freiwillig vergeben.

Auch Jesus war ein unerwünschtes Kind

Abtreibung

Das Bundesverfassungsgericht hat mit der Fristenlösung für einen Schwangerschaftsabbruch eine eigenartige Auslegung getroffen: Die Abtreibung ist zwar rechtswidrig, aber nicht strafbar. Mit anderen Worten: Weil die Zahl der Fälle so groß ist, verzichtet man auf eine Strafverfolgung. So hat man schon früher Straftaten im Verkehr zu Ordnungswidrigkeiten erklärt, die nur mit einem Bußgeld geahndet werden. Das „Gleiche" wird heute auch bei Ladendiebstählen diskutiert. Und nun führt man das auch bei einem Fall ein, wo es ums Leben geht. Hier hat man wieder einmal vor der Masse kapituliert: Weil es ungerecht wäre, nur einige wenige Fälle zu strafen, ändert man einfach das Gesetz.

Es gibt allerdings Fälle, wo die Abtreibung in der Tat das kleinere Übel ist. Vor allem gilt das für die sogenannte medizinische Indikation, wenn entschieden werden muss zwischen dem Leben der Mutter und dem des Kindes. Die katholische Kirche sagt hier. Das Kind muss gerettet werden, damit es noch getauft werden kann! Als ob Gott so kleinlich wäre, dass er nicht auch ein ungetauftes Kind annehmen würde. Man könnte auch noch über einen Abbruch reden, wenn die Schwangerschaft durch eine Vergewaltigung entstanden ist.

Die Masse der Fälle liegt aber anders. Da wird dann von „sozialer Indikation" gesprochen, wenn angeblich die Mittel nicht ausreichen für das Großziehen eines Kindes. So etwas sagt man in einem Land, das zu den reichsten der Welt gehört. Aber in Wirklichkeit fürchtet man um seinen Luxus und um seine Bequemlichkeit. Sicher ist es nicht leicht, wenn ein Studentenehepaar sein zweites Kind erwartet oder wenn zeitgleich mit dem Eintritt der Schwangerschaft der Ernährer der Familie arbeitslos wird. Aber früher hatten die Familien zehn oder mehr Kinder und sie wurden alle groß und wurden ordentliche Menschen.

Das Problem ist nicht neu: Schon Jesus war ein unerwünschtes Kind, zumindest ein unerwartetes. Die Mutter war wohl noch sehr jung. Sie war schon verlobt, und das war damals so gut wie verheiratet, man durfte nur noch nicht zusammenziehen. Nun hatten die Verlobten aber das gemacht, was heutzutage alle Verlobten machen, und es war nicht ohne Folgen geblieben. Insofern hat Maria wohl etwas geschwindelt, als sie dem Engel sagte: „Wie soll das zugehen, da ich doch von keinem Manne weiß?" (Lukas 1, Vers 34). Und auch der Evangelist Matthäus redet etwas drumherum, wenn er schreibt: „Es fand sich, ehe er sie heim holte, dass sie schwanger war von dem heiligen Geist!" (Matthäus 1, Vers 18).

Doch viel wichtiger ist die Entscheidung der künftigen Eltern. Maria sagte: „Siehe, ich bin des Herrn Magd; mir geschehe, wie du gesagt hast!" (Lukas 1, Vers 38). Und auch Josef wollte seine Verlobte nicht in Schande bringen und nahm sie in sein Haus (Matthäus 1, Vers 19 und 24). Mit anderen Worten: Beide Eltern entschieden sich für das Kind. Und als Christen sagen wir: Sie entschieden sich dafür, dass der Retter der Menschheit das Licht der Welt erblickte.

Wer ein ungewolltes Kind annimmt und leben lässt, darf nicht nur auf den Beistand des Staates hoffen, sondern auch auf den Beistand Gottes. Maria und Joseph haben ihr Kind trotz aller Gefährdungen groß gekriegt. Aber als Erwachsener hat ihr Sohn ihnen Kummer gemacht und sie haben ihn nicht verstanden. Erst spät kam Maria dazu, ihn auch innerlich anzunehmen und sich zu ihm zu bekennen. Kinder machen letztlich mehr Freude als Kummer. Über die „Frage des Schwangerschaftsabbruchs" sollte nicht die Mutter entscheiden können, sondern das Kind in ihr. Dann brauchte man weder Pflichtberatung noch Fristenlösung. Dann gäbe es noch viele solcher Christkinder wie Jesus!

Warum steht Gott im Grundgesetz? Grundgesetz

Nach der deutschen Einheit machte man sich Gedanken über eine Veränderung des Grundgesetzes. Aber die Probleme gingen schon los bei der sogenannten „Präambel", dem Vorwort zum Grundgesetz. Da heißt es gleich zu Beginn: „Im Bewusstsein seiner Verantwortung vor Gott und den Menschen hat das deutsche Volk dieses Grundgesetz beschlossen". Was hat Gott mit dem Grundgesetz zu tun, das doch eine rein politische Sache ist? Seine Erwähnung erinnert an den Deutschen Kaiser, der sein Amt „von Gottes Gnaden" erhalten hatte und der Meinung war, in der Verantwortung vor Gott zu handeln.

Heute aber hat ein großer Teil des deutschen Volkes keine persönliche Beziehung mehr zu Gott und will sein Leben gar nicht mehr in der Verantwortung vor Gott leben. Da wäre es doch ehrlicher, die Erwähnung Gottes im Grundgesetz zu streichen. Aber Theodor Heuß, der dann der erste Bundespräsident wurde, wollte klargestellt haben, dass der Mensch nicht das Maß der Dinge ist, sondern sein Tun vor einer höheren Instanz verantworten muss. Die Anrufung Gottes sollte den Menschen binden und vor Selbstüberhebung bewahren. Deshalb hielten die Väter und Mütter des Grundgesetzes die Anrufung Gottes für unerlässlich.

Wir haben heute eher ein Zuwenig als ein Zuviel an Bindungen. Viel zu oft wird der öffentlichen Meinung und dem Zeitgeist nachgegeben, wo Standhaftigkeit geboten wäre. Weil alles es so machen und manche Gesetze nicht mehr durchzusetzen sind, passt man einfach die Gesetze an. Da ist es vielleicht doch hilfreich, wenn wir unser Gewissen immer wieder schärfen lassen durch den, der die Grundlage aller Gesetze ist.

Gottes Gebot lässt sich nicht so leicht beiseite schieben. Besäße die Bindung an Gott größere Kraft, hätten wir nicht dieses Ausmaß an Gewalt und Ellenbogen-Einsatz, an Ichsucht und Kriminalität, an Raffsucht und Zukunftsangst. Vielleicht braucht unser Volk gerade diesen Halt, gerade in unsicheren Zeiten. Vielleicht brauchen auch gerade die Politiker eine solche Stütze. Gottesdienste für die Bundestagsmitglieder sind eine gute Sache.

Aber es ist nicht damit getan, dass eine unserer großen Volksparteien die Bezeichnung „christlich" in ihrem Namen führt. Es gibt keine „christliche" Politik. Aber es gibt Christen, die auch in der Politik tätig sind und dies bewusst in der Verantwortung vor Gott tun. Nur werden sie sich dabei nicht nur einfach das Etikett „christlich" auf die Stirn kleben, sondern wirklich nach den Lehren der Bibel handeln und leben. Nach der Ansicht des früheren Bundespräsidenten Gustav Heinemann erhält der Mensch seine wirkliche Würde erst von Gott. Dadurch werden menschliche Erniedrigungen ausgeschlossen und im anderen Menschen wird der Nächste geachtet.

Das Grundgesetz behält seinen Wert und seine Verbindlichkeit, auch wenn Gott nicht mehr in ihm erwähnt sein sollte. Vielleicht wäre es wirklich ehrlicher, auf Gott im Grundgesetz zu verzichten, wo doch so viele nichts mehr von ihm halten. Hier wird doch nur ein Bild aus der Vergangenheit aufrechterhalten, das heute unecht wirkt. Aber es bleibt jedem Christen unbenommen - ob er nun Politiker ist oder nicht - für „der Stadt Bestes" zu beten, wie es der Prophet Jeremia fordert (Jeremia 29, Vers 7). Als Christen beten wir nicht nur für unsre Stadt, sondern für den ganzen Staat, für sein Grundgesetz und seine Politiker. Unsre Aufgabe bleibt es, in Verantwortung vor Gott und den Menschen zu handeln, auch wenn wir durch die Verfassung nicht dazu angehalten werden. Ob wir ein christliches Volk sind, entscheidet sich nicht daran, ob Gott im Grundgesetz vorkommt, sondern ob möglichst viele Bürger und Bürgerinnen sich zum christlichen Glauben bekennen und danach leben.

Die Macht der Mächtigen Machtausübung

Die früheren Bundeskanzler Helmut Schmidt und Helmut Kohl waren bei der Ermordung des Arbeitgeberpräsidenten Hans-Martin Schleyer im Krisenstab der Regierung und hatten mit darüber zu entscheiden, ob der Staat hart bleiben sollte oder der Erpressung nachgeben durfte. Wir wissen, dass man sich für Härte entschied und das Leben der Geisel riskierte. So musste Schleyer sterben, aber sein Tod war im Grunde der Anfang vom Ende der Terroristengruppe.

In einer Talkshow wurde den beiden Politikern später die Frage gestellt, ob sie in solchen schweren Entscheidungen um die richtige Entscheidung gebetet haben. Helmut Schmidt - evangelischer Synodaler in Hamburg - meinte, hier müsse mehr die Vernunft gefragt werden, vor allem müsse man vor dem eigenen Gewissen bestehen können. Aber immerhin erzählte er auch, dass er sich manchmal mit evangelischen und katholischen Bischöfen beraten habe.

Helmut Kohl - ein Katholik, der wenigstens gelegentlich den Gottesdienst besucht - deutete an, dass ihm die Verantwortung vor Gott schon wichtig sei. Er erzählte, dass er sich noch kurz vorher mit Hans-Martin Schleyer über die vorhergehenden Entführungsfälle unterhalten habe. Sie seien sich damals einig gewesen, dass man der Erpressung nicht nachgeben dürfe. Doch Kohl fuhr fort: „Das sieht dann aber ganz anders aus, wenn der Fall wirklich eingetreten ist und man persönlich betroffen ist. Theoretisch kann man schnell eine Meinung vertreten, aber die konkrete Entscheidung ist doch schwer!"

Ich musste dabei daran denken, wie mich damals dieser Mord auf einmal persönlich mehr berührt hat als vorher. Ein Pfarrer aus Württemberg erzählte mir, dass zwei der bei der Entführung erschossenen Polizisten aus seinem Dorf stammten und er die Trauerfeier zu halten hatte. Da geht es dann nicht mehr um die große Politik, um die Pflicht des Staates und machtpolitische Berechnung. Hier hat man die Menschen vor Augen, ihr Leid und ihre Verzweiflung. Dabei wird aber auch deutlich, welche Folgen jede Entscheidung im Leben haben kann.

Wir sind ja nicht die großen Weltenlenker. Aber wir haben auch unseren Verantwortungsbereich, wir haben Macht und haben Entscheidungen zu fällen. Hoffentlich wird nie eine Entscheidung von uns verlangt, bei der es um das Leben eines anderen Menschen geht. Aber es genügt ja schon, wenn durch unsre Entscheidung die Lebensmöglichkeiten eines anderen beeinträchtigt werden. Müssen wir immer einen anderen kritisieren? Müssen wir ihm Vorschriften machen, die er als unsinnig empfindet? Müssen wir alles an uns raffen, was einem anderem dann fehlt? Verbreiten wir Mut und Zuversicht in unsrer Umgebung, oder flößen wir Furcht ein und hemmen die Entfaltungsmöglichkeiten anderer?

Die Bibel kann uns Hinweise geben, wie wir diesen Konflikt besser ausbalancieren können. Paulus schreibt im Philipperbrief: „Ich vermag alles durch den, der mich mächtig macht, Christus!" (Kapitel 4, Vers 13). Er sagt das im Zusammenhang mit der Absicherung seines Lebensunterhalts. Die Gemeinde hat ihn finanziell unterstützt. Aber er sagt, dass er auch Mangel ertragen kann. Er will alles so nehmen, wie Gott es ihm beschert. Er ist froh, wenn er unterstützt wird und es ihm gut geht. Aber wenn alles nicht so klappt, will er auch zufrieden sein. Paulus weiß, dass Macht und Können nur von Gott und von Christus verliehen sind. Nur weil ihm dort Kraft gegeben wird, kann er auch selber Kraft haben. Nur wird man diese Kraft nicht unbedingt zur Ausübung von Macht über andere ausüben. Kraft dient vor allem dazu, anderen aufzuhelfen, dass sie mit ihrem Leben zurechtkommen. Nur so geht er recht um mit den von Gott verliehenen Gaben.

Streit schlichten Streit

Eine Mutter kommt gestresst heim. Die zwei Kinder streiten sich darum, wer mit dem Ball spielen darf. Da ist die Versuchung groß, schnell eine Entscheidung zu treffen. Aber man muss damit rechnen, dass die Entscheidung ungerecht ausfallen wird. Manchmal lässt es sich auch gar nicht anders machen, als dass eine Ungerechtigkeit entsteht.

Am einfachsten wäre natürlich, man hätte zwei gleiche Bälle und könnte jedem Kind einen geben. Wenn das aber nicht der Fall ist, gibt es immer noch Kompromissmöglichkeiten: Man kann festlegen, wer zuerst damit spielen darf, und dann nur einen kurzen Zeitraum festlegen, bis das zweite Kind drankommt. Man könnte auch an das ältere Kind appellieren, doch vernünftig zu sein und dem jüngeren Kind den Vortritt zu lassen; aber auch dann wird es vielleicht unzufrieden sein. Aber irgendeine Lösung wird es geben müssen.

Erwachsene sind nicht mehr wie die Kinder - zumindest sollten sie es sein. Sie streiten sich nicht mehr um den Ball, sondern um den Parkplatz oder den Lärm vom Nachbarn. Gerade Nachbarschaftsstreitigkeiten schaukeln sich manchmal so auf, dass ein Gericht kaum damit zurecht kommt. Am Ende weiß niemand mehr so richtig, wie alles angefangen hat, aber der Streit geht über Generationen.

Bei einer Umfrage wurde festgestellt, dass 34 Prozent der Menschen gesünder leben, wenn sie gute Nachbarn haben. Als ich das hörte, bin ich zu unserem Nachbarn gegangen und habe ihm erneut versichert, dass ich ein guter Nachbar sein will, wenn etwas ist, soll er es mir nur sagen.

Es ist aber sicher nicht damit getan, dass ein Nachbar vom anderen fordert, er solle doch ein „guter Nachbar" sein. Zuerst ist jeder aufgefordert, selber dieser gute Nachbar zu sein. Die Psychologen sagen uns, in solchen Fällen muss immer einer zuerst nachgeben, dann zieht auch der andere nach. Man kann solche Konflikte nur lösen, wenn einer über seinen eigenen Schatten springt und nicht mehr auf sein Recht pocht, auch wenn er objektiv gesehen Recht hat. Ein Christ ist immer aufgefordert, um des lieben Friedens willen derjenige zu sein, der als erster nachgibt.

Paulus schreibt dazu im Römerbrief: „Ist es möglich, so viel an euch ist, so habt mit allen Menschen Frieden!" (Kapitel 12, Vers 18). Darin liegt eine Einschränkung, die Schiller in die Worte fasst: „Es kann der Frömmste nicht in Frieden leben, wenn es dem bösen Nachbarn nicht gefällt!" Aber vielleicht geht es auch ohne diese Einschränkung. Ein Christ jedenfalls kann es versuchen. Er kann das, weil er weiß, dass Gott ihn schon mit allem versorgen wird und er schon im Leben nicht zu kurz kommen wird.

Wenn du deine Gabe auf dem Altar opferst
und wirst allda eingedenk,
dass dein Bruder etwas gegen dich habe,
so lass allda vor dem Altar deine Gabe
und gehe zuvor hin und versöhne dich mit deinem Bruder
und alsdann komm und opfere deine Gabe

(Matthäus 5, Vers 23 bis 24)

Fremde unter uns

Fremde

Wenn mich interessierte Leute fragen: „Eure neuen Nachbarn sind wohl keine Einheimischen?“ dann sage ich: „Doch, die wohnen schon eine ganze Zeit hier!“ Sie sind Ausländer und Anhänger der islamischen Religion. Aber sie sind keine „Mitbürger“ (also nur Bürger zweiten Rangs), sondern Einwohner wie alle anderen auch. So wie es früher eine nennenswerte Zahl von Juden unter uns gab, so gibt es heute die Muslime. Diese genießen bei uns die Religionsfreiheit wie alle anderen religiösen Gruppen auch. Sie dürfen und können ihre Religion leben, auch wenn das umgedreht die Christen in islamischen Ländern nicht so unbedingt können. Auch ist die ganz große Mehrheit der Moslems bei uns ist friedlich ist und auf ein gutes Miteinander ausgerichtet.

Wir wollen ja, dass sie sich bei uns integrieren, also unsere Sprache lernen, sich mit der Geschichte und Gesellschaft unseres Landes befassen und vielleicht auch die eine oder andere Sitte übernehmen, ohne dass man ihnen ihre Sitten verbieten würde. Nicht dazu gehört aber, dass sie auch die bei uns vorherrschende Religion annehmen: Sie dürfen es, aber sie müssen nicht!.

Aber wir erwarten auch, dass sie es mit ihrer Religion nicht übertreiben. Muss es unbedingt eine repräsentative Moschee mit vier Minaretten sein? Das wäre doch eher ein Zeichen dafür, dass man sich nicht integrieren will, sondern alles so haben will wie im Herkunftsland. Muslim kann man auch sein ohne prachtvolle Moschee und Gebetsräumen in den Schulen und mit Minaretten in jedem Dorf. Viele christliche Gemeinschaften kommen ja auch mit einfachen Räumen aus. Deutschland ist nun einmal kein islamisches Land und soll es auch nicht werden.

Unser Bild von den Muslimen wird oft viel zu sehr bestimmt von den militanten Angehörigen dieser Religion oder von solchen Vorgängen wie Zwangsheirat oder „Ehrenmord“. Wir dürfen erwarten, dass die Muslime das Grundgesetz respektieren. Das tut auch die große Mehrheit und bringt sich positiv über ihre Arbeitsleistung hinaus in unsre Gesellschaft ein. So haben zum Beispiel die Mitglieder der Ahmadija-Gemeinde in vielen Städten am Neujahrsmorgen die Straße vom Müll der Nacht gesäubert.

Die Muslime können uns auch ein leuchtendes Beispiel sein, wenn man sieht, wie sie zum Gottesdienst gehen und vielfach auch tagsüber die Gebetszeiten einhalten, gerade auch die Männer. Wir denken vielleicht, es sei der falsche Gott. Aber wer es ernst nimmt mit dem Glauben, der ist allemal besser als einer, der (angeblich) gar nichts glaubt.

Vergessen wir auch nicht: Wir sind alle Fremde in der Welt. Aber durch Gott sind wir „Bürger mit den Heiligen“ (Epheser 2, Vers 19) geworden. Da können wir doch auch alle Menschen unsrer Umgebung als Bürger ansehen und behandeln.

Die Fremdlinge sollt ihr nicht unterdrücken,
denn ihr wisst um der Fremdlinge Herz,
weil ihr auch Fremdlinge in Ägyptenland gewesen seid
(2. Mose 23, Vers 9)

Kaiser Franz und König Fußball Fußball 1994

Jetzt rollt er wieder, der Fußball bei der Weltmeisterschaft. Für einige Wochen regiert wieder der König Fußball. Die Fußballfans in der Familie - und das sind nicht nur die Väter - lassen nicht mit sich reden: Wenn im Fernsehen Fußball übertragen wird, dann gucken die anderen in die Röhre. Notfalls wird Urlaub genommen oder die Nacht zum Tage gemacht - Fußball geht vor. Einen gibt es, den nennen sie den „Kaiser". Der ist schon Weltmeister und gehörte zu jener Klassemannschaft von 1974, die zum zweiten Mal den Weltmeistertitel nach Deutschland holte. Danach ist er Trainer gewesen und hat erst jetzt wieder „seine Bayern" zur deutschen Meisterschaft geführt.
Franz Beckenbauer hat aber noch eine andere Seite als die des erfolgreichen Fußballers und weniger erfolgreichen Golfspielers. Als seine Mannschaft an einem Sonntag über ein mageres 0:0 nicht hinauskam, sagte er. „Sonntags geht man in die Kirche zum Beten und nicht zum Fußballspielen!". Und in einem Interview sagte er. „Vor dem Tod habe ich mit Sicherheit keine Angst. Aber ich weiß nicht, ob ich nicht Angst vor dem Sterben habe. Möglicherweise wenn es soweit ist. Ich wünsche mir, dass ich bewusst sterbe. Also nicht umfallen und tot sein. Ich möchte mit Schmerzen sterben. Ich kann Schmerzen gut ertragen. Ganz sicher glaube ich, dass es ein Weiterleben gibt. Sei es sogar eine Zurückversetzung auf die Erde, wenn du deine Hausaufgaben nicht gemacht hast!"
Aber vielleicht sollte Beckenbauer mehr auf das hören, was die Bibel zu der Frage nach dem Leben nach dem Tod sagt. Es muss ja nicht unbedingt so sein, wie der Theologe Karl Barth gesagt hat: er freue sich darauf, in der Ewigkeit Mozart zu hören. Vielleicht gibt es auch in der Ewigkeit Fußball zu sehen. Weshalb denn nur immer „Halleluja" singen? Vielleicht kann man sogar selber mit Fußball spielen! Niemand sollte befürchten, die Welt Gottes biete weniger als diese unsre Welt. Die Herrlichkeit Gottes wird mit mehr als einer spannenden Fußballweltmeisterschaft konkurrieren können.
Übrigens: Wir müssen nicht unbedingt gewinnen! Schließlich haben wir schon oft genug gewonnen und können den anderen ruhig den Vortritt lassen. Und schließlich zeigt sich wahre Größe erst in der Niederlage. Im Rampenlicht stehen nur die Sieger. Die Verlierer verkriechen sich oft in ihre Kabine und vergießen bittere Tränen. Schließlich haben sie auch hart trainiert, ganz auf diesen Tag hingearbeitet, ihr Bestes gegeben - aber andere waren dann doch noch besser.
Als Christen wissen wir, dass wir manche Niederlage einstecken müssen: Wir haben uns zu unbedachten Worten hinreißen lassen. Wir haben auch geschwiegen, wo wir hätten reden müssen. Wir haben die Zeit unnütz vertan, sind dem Mitmenschen aus dem Weg gegangen. Wir haben es versäumt, sonntags in die Kirche zu gehen und zu beten - da wäre noch manches andere anzuführen. Deshalb heißt es ja in jedem Gottesdienst: „Herr, erbarme dich!" und „Vergib uns unsere Schuld!" Gott wartet auch auf die, die nur notiert werden unter „ferner liefen". Bei ihm gibt es nicht den Unterschied zwischen Siegern und Besiegten, sondern er will sie alle bei sich haben und für sie da sein.
Unser Gott ist ein anderer als der Fußballgott, von dem die Zeitung mit den großen Buchstaben vor einiger Zeit geschrieben hat: „Der Fußballgott ist jetzt ein roter Teufel!" So lautete die Schlagzeile. Weil Kaiserslautern marschierte, war die Bundesliga „teuflisch spannend". Für manchen kann der Fußball schon zum Gott werden - oder auch zum Teufel. Doch wer den wahren Gott kennt, wird die Kaiser und Könige richtig einordnen. Sie sind nur von dieser Welt. Sie bereichern unser Leben, aber sie sind nicht das Leben.

„Gott ist ein Bayer" Fußball 2001

Samuel Kouffur war Fußballspieler bei Bayern München. Er stammt aus Ghana und ist wie viele seiner Landsleute ein Christ. Nachdem seine Mannschaft den Europapokal der Landesmeister nach dramatischem Elfmeterschiessen gewonnen hatte, sagte er : „Ich habe immer wieder zu Gott gebetet. Keine weiteren Tränen!“ Nach dem Spiel konnte er sagen: „Gott ist immer für uns!“
Nachdem Schalke am letzten Bundesligaspieltag 2001 schon meinte, sein Spiel siegreich beendet zu haben und sich als Meister fühlte, gelang Bayern München in letzter Minute das entscheidende Tor und war erneut Meister. Am nächsten Tag überschlugen sich die Zeitungen mit Schlagzeilen wie „Fußballgott trägt Lederhosen!“ und „Fußballgott macht blau!“ Eine Zeitung schrieb: „Es gibt sogar Menschen, die behaupten, er sei ein Cousin ersten Grades von Franz Beckenbauer. Denn mit Glück hat das schon nichts mehr zu tun, obwohl genau diese Vokabel am Samstagabend die am häufigsten verwendete war... So viel Glück hat in Deutschland nur der FC Bayern München!“ Schalkes Manager Rudi Assauer klagte: „Ab heute glaube ich nicht mehr an den Fußballgott, denn er ist nicht gerecht. Wenn er gerecht wäre, wäre Schalke 04 Deutscher Meister!“ Und Klaus Fischer, der Torjäger früherer Jahre, formulierte: „Die Bayern haben den Papst in der Tasche!“
Der Maintal Tagesanzeiger schrieb nach dem Titelgewinn der Bayern auf der Titelseite: „Im dramatischsten Finale der 38jährigen Bundesliga-Geschichte ging Bayern München 278 Sekunden durch die Hölle und stieg durch Patrick Andersons ‚Last-Second-Tor' doch noch in den Fußball-Himmel empor!“ Der Kommentator einer Zeitung wollte abwarten, mit „welcher Dramaturgie uns der Fußballgott in Mailand überraschen wird!“ Doch nach dem Europapokalsieg am 5. Mai lauteten die Überschriften im Tagesanzeiger wieder: „Gott ist immer für die Bayern“ und „Oli, der Göttliche!“ und Karl-Heinz Rummenigge fühlte sich „wie im Himmel!“
Woher kommt nur diese religiöse Sprache im Zusammenhang mit dem Fußball? Brauchen wir vielleicht eine Ersatzreligion, wenn die echte Religion nicht mehr greift? Sonst ist „Glück“ doch oft das Ersatzwort für „Gott“: Solange man Gott noch braucht, soll er es richten. Aber wenn die Sache dann gut ausgegangen ist, dann hat man wieder einmal Glück gehabt. Aber nun auf einmal verbindet man beides miteinander. Der Tagesanzeiger meinte: „Glück gehört dazu, reicht aber nicht. Vielleicht ist der Fußballgott ja wirklich ein Bayer?“ Nun wurde sogar ein neuer Gott gefunden: „Der Fußballgott trägt einen Namen: Oliver Kahn!“
Es gibt keinen Fußballgott, so wenig wie es einen Wettergott gibt. Ein Berichterstatter schrieb: „Dabei hat der Ausgang der Meisterschaft nichts mit dem lieben Gott zu tun, sondern mit Nervenstärke, Abgebrühtheit, Selbstbewusstsein, Erfahrung!“ Rummenigge sprach von „Gerechtigkeit“ und Trainer Hitzfeld davon, dass man das eine Tor noch geschossen habe, „weil wir es verdient hatten!“ Auch Oliver Kahn sagte nach dem Europapokalsieg: „Es gibt keinen Fußballgott. Glück war auch dabei, Intuition“, um dann aber doch wieder hinzuzufügen: „Gott sei Dank!“ Nun, wenn er das ernst gemeint hat - wenn er wirklich Gott danken wollte - ist das in Ordnung.
Sicher kann man Gott auch mit dem Fußball in Verbindung bringen, so wie alles in unserem Leben mit Gott zu tun hat. Aber Gott ist anders als der „Fußballgott“ der Zeitungen. Wir denken zum Beispiel: Gerecht wäre es, wenn nicht immer wieder die Bayern Meister würden, sondern auch die anderen einmal dran kämen. Bei Gott aber kommen tatsächlich alle dran. Im Sport kann immer nur einer Meister werden. Aber bei Gott gewinnen alle.

Gott und die Fußballgötter Fußball 1998

Unter den deutschen Fußballreportern gibt es einen, der nach Johannes dem Täufer benannt ist. Die Eingeweihten wissen schon: Johannes Baptist Kerner! Bei dem Spiel Deutschland gegen Mexiko entschlüpfte ihm ein Ausspruch, den er nachher gleich wieder verbesserte, der aber doch so unrecht nicht ist. Deutschland hatte wieder einmal mit Mühe einen Torerfolg der Mexikaner vermeiden können. Da rief JBK: „Da hat jemand geholfen, der gar nicht mit auf dem Platz ist!"

Mit anderen Worten: Hier hat nur Gott helfen können, auch wenn er als Spieler gar nicht sichtbar mit auf dem Platz war! Leider hat der Reporter dann in den nächsten Sätzen alles wieder abgeschwächt: „Wenn es Fußballgötter gibt, dann waren sie hier im Spiel!" Und noch zwei Sätze weiter: „Das Glückspotential ist ausgeschöpft, jetzt müssen wir es selber richten!" Aus dem wahren Gott waren auf einmal die „Fußballgötter" geworden. Und schließlich endete er bei dem alltäglichen „Noch-einmal-Glück-gehabt".

Aber so ist es typisch für uns Menschen: In der allergrößten Not rufen wir nach Gott. Aber nachher sind es schon wieder irgendwelche „Götter" und schließlich nur noch das „Glück". Dann sagen wir nicht mehr bewusst „Gott sei Dank", sondern doch lieber: „Noch einmal Glück gehabt!" Oder wir wollen es doch lieber selber richten, so wie Klinsmann und Bierhoff es dann doch noch gerichtet haben.

Nun wäre es auch nicht gut, wenn der Gott des Himmels und der Erde auf dem Fußballfeld mitspielen müsste. Schließlich hat er seine Verehrer auf beiden Seiten. Da muss er schon unparteiisch sein. Fußball ist nur ein Spiel. Eine Niederlage ist kein nationales Unglück. Und ein Sieg besagt noch lange nicht, dass in dem betreffenden Land besonders gute Menschen wohnen.

Doch auf dem Spielfeld unseres Lebens, da ist Gott unsichtbar mit dabei. Da wird er schon manches Mal uns eine gute Vorlage geben und uns immer wieder neu ins Spiel bringen. Oder er blockt den Gegner ab oder lässt ihn einen Fehler machen.

Nur sehen wir das nicht, dass wir da einen unsichtbaren Mitspieler in unserem Leben haben. In der Kirche wird es uns zwar immer wieder gesagt. Aber so im gelebten Leben denken wir dann doch nicht daran. Dann wäre es einmal ganz gut, an den Ausspruch des Reporters zu denken: „Da hat jemand geholfen, der gar nicht mit auf dem Platz ist!"

Da kann einem doch der Psalm 139 einfallen, in dem es heißt: „Von allen Seiten umgibst du mich und hältst deine Hand über mir!" (Vers 5). Dieser Vers ist keine Drohung, so als müssten wir immer mit einem unsichtbaren Aufpasser rechnen. Vielmehr ist er eine tröstliche Zusage für den, der sich verloren vorkommt: Gott lässt uns nicht allein, sondern hält seine Hand helfend und schützend über uns.

Herr, du erforschest mich und kennst mich.
Ich sitze oder stehe auf, so weißt du es.
Du verstehst meine Gedanken von ferne.
Ich gehe oder liege, so bist du um mich und siehst alle meine Wege.
Denn siehe, es ist kein Wort auf meiner Zunge,
das du, Herr, nicht schon wüsstest!"

(Psalm 139, Vers 1 bis 4)

Die Hand Gottes

Maradonna

Diego Maradonna hatte im Strafraum einen Ball mit der Hand aus der Luft geholt und ihn sich vor die Füße gelegt, so dass ein Tor daraus wurde. Der Schiedsrichter hatte es nicht richtig gesehen und erkannte das Tor an. Aber im Fernsehen war natürlich alles haarklein zu sehen. Doch als Maradonna bei der Pressekonferenz nach dem Vorfall befragt wurde, tat er ganz unschuldig und wollte alles gar nicht bemerkt haben. Schließlich sagte er: „Dann war das die Hand Gottes!"

Doch hat er damit nicht etwas Wahres gesagt? Sicher sollen wir auch die Hände regen und uns bemühen. Aber die Hand Gottes ist entscheidend wichtig. Wenn Gott seinen Segen nicht dazu gibt, wenn er nicht die Hand schützend über unser Leben hält, dann erreichen wir nichts. Nicht das sogenannte „Glück" brauchen wir, sondern den lebendigen Gott.

Das heißt nicht, dass es nicht auch Niederlagen in unserem Leben geben könnte. Gerade dann brauchen wir den Beistand Gottes besonders. Eine Niederlage im Fußballspiel kann man verschmerzen. Eine Niederlage im Leben macht uns mehr zu schaffen. Mit Niederlagen müssen wir immer wieder einmal rechnen: Gott gibt uns keine Garantie, dass immer alles klar geht. Aber wir dürfen wissen, dass wir auch dann nicht von Gott verlassen sind.

Vielleicht achten wir einmal darauf, wie oft in unserem Leben einer geholfen hat, der auf dem Spielfeld unseres Lebens gar nicht sichtbar ist. Aber er ist da und hält die Hand schützend über uns. Wir brauchen kein Glück und wir brauchen auch nicht irgendwelche Götter. Aber wir brauchen Gott, den Schöpfer und Erhalter der Welt und auch unseres Lebens.

Das Fußballfieber vergeht wieder. Aber unser normales Leben geht weiter. Und da will Gott dabei sein. Nicht nur mit großen „Wundern" begleitet er unser Leben, aber mit vielen kleinen Durchhilfen. Die können wir immer wieder spüren, wenn wir nur darauf achten.

Warten aufs Christkind Advent

„Der Winterdienst wartet auf den ersten Schnee, die Kleinen auf das Christkind und manch einer auf sein Weihnachtsgeld“, so heißt es in der Radiowerbung einer Autofirma. Aber das Warten steht nicht hoch im Kurs. „Genuss sofort!“ Das ist eher der Leitspruch. Alles ist darauf angelegt, die Wartezeit zwischen Wunsch und Erfüllung zu verkürzen oder ganz zum Verschwinden zu bringen. Warum auf die Erfüllung eines Wunsches warten? Es gibt doch die Ratenzahlung! Warum warten auf die Erfüllung in der Liebe? Ist es nicht sinnvoll, „es“ möglichst früh zu probieren?

Die Adventszeit ist längst keine Zeit des Wartens mehr. Eher wird da das Leben besonders hektisch: Geschenke müssen eingekauft werden, der Weihnachtsbaum muss besorgt und auch Speisen und Getränke müssen eingelagert werden. Besonders in den Einzelhandelsgeschäften haben sie jetzt alle Hände voll zu tun. Schließlich wird in den Wochen vor Weihnachten ein Drittel des Jahresumsatzes gemacht. Wenn das Jahr über die Geschäfte eher schleppend waren, dann muss zum Jahresende noch einmal alles herausgeholt werden.

Es wundert mich, dass noch keiner vom Einzelhandelsverband auf die Idee gekommen ist, die Zahl der Adventssonntage auszuweiten, so wie das tatsächlich vor langen Zeiten schon einmal gewesen ist. Fünf Advents-Sonntage oder besser gleich sechs, das wäre doch die Lösung. Dann wäre es für den Handel auch nicht so problematisch, wenn der vierte Advent einmal auf den Heiligen Abend fällt.

Auch die Kirche hält sich leider nicht mehr an das Kirchenjahr. Schon am vorletzten Sonntag des Kirchenjahres finden in kirchlichen Räumen Weihnachtsmärkte statt, etwas verschämt „Künstlermarkt“ genannt. Man muss ja nicht so weit gehen, dass man alle Feiern aus der Adventszeit verbannt und mit den kirchlichen Gruppen erst nach Weihnachten feiert. Richtig wäre es an sich schon, denn der Weihnachtsfestkreis beginnt in der Tat erst mit Heiligabend. Aber nach Weihnachten ist halt doch irgendwie die Luft raus.

Aber auch das andere Extrem ist nicht gut, mit den Weihnachtsvorbereitungen schon vor dem Advent zu beginnen. Wenn man unfähig ist zu warten, kann man sich nicht mehr so recht auf die Erfüllung freuen. Wenn auf den Wunsch sofort die Erfüllung folgt, wird die Freude geschmälert. Was schnell zur Hand ist, löst keine tiefe Freude aus und wird schnell vergessen. Deshalb wäre es nicht ganz falsch, wenn man das Warten wieder einführte. Von Kindheit an könnte man einüben, den Spannungsbogen zwischen Wunsch und Erfüllung zu ertragen, um der Freude willen, die sich dabei einstellt.

Vor dem allerersten Weihnachtsfest, vor der Geburt Jesu, gab es auch eine gespannte Erwartung. Ein ganzes Volk wartete auf den Messias, der das Volk zu neuer Größe führen und alle menschlichen Beziehungen heilen sollte. Schon Johannes der Täufer war so ein Vorbote. Aber auch er ist sich nicht sicher, ob Jesus die Erfüllung aller Sehnsüchte ist. Deshalb sendet er zwei seiner Jünger und lässt Jesus fragen: „Bist du, der da kommen soll, oder sollen wir auf einen anderen warten?“ (Lukas 7, Vers 18 bis 19).

Johannes darf erfahren, dass nun die Zeit des Wartens ein Ende hat. Aber nur wenn man wartet, kann man sich nachher auch freuen. Es ist gut, wenn es eine Wirklichkeit gibt, die nicht immer da ist, wenn wir es wollen. Auf Gott müssen wir immer wieder warten. Um so größer ist dann auch die Freude, wenn er auf unser hoffendes und bittendes Warten antwortet.

Weihnachten ist das ganze Jahr

Weihnachten

Wenn man in Zella-Mehlis zum Bahnhof hoch fährt, steht rechts ein großes Schild: „Thüringer Weihnachtsmarkt. Das ganze Jahr Weihnachten". Da gibt es also ein Geschäft, in dem man das ganze Jahr über Weihnachtsartikel einkaufen kann. Warum auch nicht? Da hat man wenigstens nicht den Festtagsstress, und vielleicht ist es im Sommer sogar billiger.
Vor vielen Jahren fand in den USA ein Gottesdienst statt unter dem Titel „Christmas in July - Weihnachten im Juli". Ein deutscher Studentenchor sang: „Es ist ein Ros entsprungen". Die Besucher waren angerührt von der Weihnachtsfeier im hellen Sommer. „Viel zu schade", meinten sie nachher, „wenn man die schönen Weihnachtslieder nur in einer Jahreszeit singt!"
Den jungen und kritischen Europäern kam es aber so vor, als wolle man hier das karge Sommerloch mit Weihnachtsstimmung auffüllen, nur um die Besucherzahlen des Gottesdienstes in die Höhe zu treiben. Aber vielleicht taten sie den Leuten auch Unrecht. Womöglich war es gerade die Absicht, die Weihnachtsbotschaft einmal ohne die im Dezember übliche Stimmungsmache anzubieten. So kann man die Weihnachtsbotschaft befreit von aller Gefühlsseligkeit der Adventszeit einmal ganz unverstellt auf sich wirken lassen.
Den tatsächlichen Geburtstag Jesu wissen wir nicht. Er war auch nicht unbedingt im Winter, der im Orient außerdem immer noch ziemlich warm ist. Während Karfreitag, Ostern, Himmelfahrt und Pfingsten durch die Angaben im Lukasevangelium festgelegt sind, wurde die Geburt Jesu zunächst nicht gefeiert. Erst im vierten Jahrhundert, als das Christentum zur Staatsreligion geworden war, besann man sich darauf, dass auch die Geburt wichtig ist. Und da legte es sich nahe, das alte römische „Fest der unbesiegten Sonne" im Umfeld der Wintersonnenwende christlich umzudeuten: Mit Jesus ist wieder das Licht in die Welt gekommen, mit seiner Geburt ging es wieder aufwärts. So entstand dann das christliche Weihnachtsfest am 24./25. Dezember.
Es ist nicht das einzige Fest im Lauf des Kirchenjahrs. Aber es hat in der Bevölkerung eine hohe Wertschätzung durch die Weihnachtsspiele, die Feiern in der Familie und vor allem die Geschenke. Die volkstümliche Auffassung ist da anders als die theologische Ansicht, für die Ostern und Pfingsten die wichtigen Feste sind. Aber natürlich ist die Geburt Voraussetzung für Tod und Auferstehung und für die Kirche. Deshalb hat auch Weihnachten eine Berechtigung, sogar die Vorstellung, dass an jedem Tag im Jahr Weihnachten ist.
Es ist durchaus angebracht, wenn wir die Geburt Jesu in jede Zeit und in jede Umgebung versetzen. In Afrika ist das Jesuskind schwarz und die Hirten sind so gekleidet, wie dort die Hirten eben gekleidet sind. Aber das zeigt doch: Jesus ist für jede Zeit und für jeden Menschen geboren, auch für dich und mich. Das versuchen auch manche Krippenspiele oder moderne Weihnachtsspiele, die das biblische Geschehen in unsre Welt und unsere Zeit umsetzen wollen.
Wenn wir hören: „Machet die Tore weit und die Türen in der Welt hoch, dass der König der Ehre einziehe!" (Psalm 24, Vers 7), dann gilt das nicht nur an Weihnachten. An allen Tagen des Jahres will er der Herr unsres Alltagslebens sein und begehrt auch heute bei uns Einlass. Lassen wir den König der Ehren jeden Tag neu in unser Herz einziehen. Und helfen wir mit, dass dieser Herr auch in unserer Welt seinen gebührenden Platz erhält.

Gott ist nicht gekommen Weihnachten

Eine Frau träumte eines Nachts von Gott. Er versprach ihr: „Morgen will ich zu dir kommen und dich besuchen!“ Am nächsten Morgen klingelte es an der Tür. Aber draußen stand nur ein Bettler und bat um etwas Geld. „Tut mir Leid“, sagte die Frau, „ich erwarte hohen Besuch und kann Sie nicht hereinlassen!“
Nach einer Weile klingelte es wieder. Mit klopfendem Herzen ging die Frau an die Tür. Da stand eine Frau mit einem verweinten Gesicht. „Helfen Sie mir! Ich brauche den Rat eines Menschen!“ „Entschuldigen Sie, aber ich habe jetzt keine Zeit“, erwiderte sie und schloss die Tür. Schließlich klingelte es von neuem. Ein kleiner Junge sah die Frau mit ängstlichen Augen an. „Mein Ball ist leider in Ihr Kellerfenster gefallen. Darf ich ihn herausholen?“ „Da bleibt er heute erst einmal liegen!“ antwortete die Frau ärgerlich. „Passt besser auf, wenn ihr Ball spielt!“
Allmählich wurde es Abend. Traurig ging die Frau zu Bett. Im Traum aber erschien ihr Gott und sagte: „Dreimal habe ich dich heute aufgesucht, und dreimal hast du mich weggeschickt! Hast du es nicht gemerkt?“
Auch uns könnte es passieren, dass wir Gott begegnen, es aber nicht merken. So wird es ja schon beschrieben in der Weihnachtsgeschichte. Auch wenn sie kein Bericht von einem tatsächlichen Geschehen ist, sondern eine liebevolle orientalische Erzählung, so macht sie doch sehr gut deutlich, wie es oft ist, wenn Gott kommt.
Das Johannesevangelium fasst das wie folgt zusammen: „Er kam in sein Eigentum, und die Seinen nahmen ihn nicht auf. Die ihn aber aufnahmen und an seinen Namen glaubten, die konnten Gottes Kinder werden!“ (Kapitel 1, Vers 11 und 12, in etwas freier Übersetzung). Hätten sie damals alle gewusst, dass das Kind in der Krippe der Heiland der Welt sein sollte, dann hätten sie ihn anders empfangen.
Aber die Betonung liegt nicht auf der Zurückweisung, sondern man merkt auch die Freude, dass einige Menschen dennoch die Bedeutung dieses Kindes erkannt haben. Und das sind sowohl einfache Leute wie die Hirten als auch Wissenschaftler, sowohl Einheimische als auch Fremde. Und auch die Eltern wissen natürlich Bescheid: Man kann also Gott auch in unserer Welt erkennen, man muss nur durch die äußere Erscheinung hindurchsehen.
Zu uns könnte Gott zum Beispiel kommen durch Asylbewerber, die an unsere Tür klopfen. Die Schöpfer des Grundgesetzes dachten damals nur an Menschen aus Europa - vor allem aus Osteuropa - als sie das Asylrecht verankerten. Und sie dachten auch dankbar daran, dass viele Deutsche im europäischen Ausland und in Amerika vor der Verfolgung Zuflucht gefunden hatten. Heute aber kommen Menschen aus Afrika und Asien und suchen unsere Hilfe. Auch wenn sie längst nicht alle wirkliche Verfolgte sind, so haben sie doch Hilfe nötig. Gott könnte uns heute in solchen Menschen begegnen, ohne dass wir ihn bemerken.
Aber wir brauchen gar nicht so weit auszuholen, Hilfsbedürftige gibt es auch vor unserer Tür. Der Rundfunk macht manchmal eine Aktion, bei der einsame Menschen an Weihnachten zusammengebracht werden sollen mit Familien, die gern noch einen Gast aufnehmen möchten. Aber wir haben natürlich auch Nachbarn und Kollegen, für die wir da sein könnten. Und sogar in der eigenen Familie gibt es vielleicht einen Menschen, der nur von uns Hilfe erwarten kann. Verschließen wir uns ihnen nicht, denn vielleicht will Gott durch sie zu uns kommen!

Wir feiern 2000 Jahre Christus Jahreswende

Am vergangenen Ersten Advent hat das letzte (Kirchen-) Jahr des Jahrtausends begonnen! Alle reden sie von der Jahrtausendwende am 31. Dezember 1999. Aber Christen rechnen anders, sie haben andere Daten zu feiern. Angesehen davon, dass das Kirchenjahr am Ersten Advent beginnt, stehen wir noch gar nicht so kurz vor dem Ende des zweiten Jahrtausends. Die 2000 Jahre sind erst an Silvester 2000 herum. Deshalb braucht man auch mit der Wende zum Jahr 2000 keine Ängste oder freudige Hoffnungen zu verbinden. Es hat mit ihrer Erfüllung noch ein Jahr Zeit!
Für die Bewältigung des Jahrtausendwechsels ist der christliche Glaube aber durchaus nicht so überholt, wie es der Karlsruher Professor Peter Sloterdijk in einem Beitrag meint: „Seit Beginn der Moderne leben wir in einem unendlich offenen Horizont und verstehen den Kalender nicht mehr im christlichen Sinn. Wir zählen doch kaltblütig über das Jahr 2000 hinaus! Nur einige wenige nervöse Geschöpfe projizieren ihre eigenen Krisen in die Zahlenkrise hinein!“
Der Professor weist darauf hin: Auch vor tausend Jahren hat es kein allgemeines Krisenbewusstsein gegeben. Man hat ja die dreifache Null der arabischen Zahlzeichen gar nicht gekannt, sondern die römische Zahl „M“ für Tausend verwendet. Weiterhin meint der Professor: Die Menschen seien heute nicht mehr Gemeindeglieder einer christlichen Lehre und nicht Schüler eines Propheten, sondern Kunden und Käufer, die sich einen individuellen „Mix spiritueller Vitamine“ zusammenstellen.
Religionen werden immer mehr danach beurteilt, ob sie zur seelischen Gesundheit beitragen. Sinnsysteme werden nicht mehr über Schulen und autoritative Belehrung vermittelt, sondern über den weltweiten Markt spiritueller Angebote. Das sei der Grund für die Ablösung des Christentums durch einen überschäumenden Esoterik-Markt. Nach Meinung anderer hat die Esoterik-Welle aber schon ihren Höhepunkt überschritten. Die Richtung gehe jetzt mehr auf die Naturwissenschaften und auf Extremsportarten.
Das zeigt doch: Der Mensch braucht etwas, woran er sich halten kann. Zahlen-Symbolik hilft da an sich nur wenig. Die Festlegung unsres Kalenders ist sowieso einigermaßen willkürlich. Jesus ist nicht am „Tag Eins“ des Jahres „Null“ geboren, sondern man hat erst Jahrhunderte später zurück gerechnet und hat dann das laufende Jahr festgelegt. Jesus könnte durchaus schon vor dem Jahre Null geboren worden sein. Aber entscheidend ist ja nicht der genaue Zeitpunkt seiner Geburt, sondern die Tatsache seiner Geburt.
Deshalb ist nicht die kalendermäßige Jahreswende der Höhepunkt des Jahres, sondern das Christfest einige Tage früher. Man muss ja bedenken, dass die Geburt Jesu ganz unspektakulär vor sich ging. Er war ein Kind wie tausend andere, nichts deutete auf seine spätere Bestimmung hin. Erst als er berühmt geworden war und erst als er in der christlichen Gemeinde eine grundlegende Rolle spielte, fragte man danach, wie denn alles begonnen habe: Man erdachte und erzählte all die schönen Weihnachtsgeschichten, die das Besondere an diesem Kind hervorheben wollen. Erst nachträglich hat man erkannt, dass mit der Geburt Jesu etwas Neues in die Welt gekommen ist.
Deshalb erinnern wir uns als Christen an die wirkliche Zeitenwende vor 2000 Jahren, an die Nacht der Nächte, als der christliche Glaube seinen Anfang nahm mit der unscheinbaren Geburt eines Kindes. Deshalb können wir auch bestimmten Kalenderdaten gelassen entgegensehen. Auch das angebliche Weltende nach dem Mayakalender wird uns nicht beeindrucken. Ein Übergang wird uns nichts Neues bringen, denn seit Jesu Geburt kommen nur noch Jahre „nach Christi Geburt“.

Das Leben geht weiter Neujahr

Dragoslav Stepanovic übernahm nach seiner aktiven Zeit als Fußballer die Vereinskneipe. Dann suchte die Eintracht einen neuen Übungsleiter, und die Trainerkarriere von „Stepi" begann. Vier Vereine haben ihn wegen Erfolglosigkeit wieder entlassen. Auch die Eintracht konnte er vor dem Abstieg in die zweite Bundesliga nicht bewahren. Erst wurde er noch als der große Retter begrüßt. Nun wurde er in Grund und Boden verdammt. So hart ist das Geschäft nun einmal. Aber am Tag seiner Entlassung sagte Stepanovic in seinem originellen Deutsch: „Lebbe geht weider!" Dieser Ausspruch könnte ein geflügeltes Wort werden.

Die Entlassung wird „Stepi" nicht so viel ausgemacht haben. Er war sicher längst finanziell abgesichert. Das unterscheidet ihn von vielen Menschen, die auch im vergangenen Jahr entlassen wurden und nicht so sorglos sagen können: „Das Leben geht weiter!" Sicher geht es weiter - es muss ja. Aber es ist doch schwieriger und sorgenvoller geworden.

Ein Arbeitnehmer muss sich da heute tatsächlich Sorgen machen. Die Unternehmer machen sie sich angeblich auch. Aber sie sind doch in einer ganz anderen Position. Wenn der Gewinn geringer wird, entlassen sie einige Leute und der Gewinn steigt wieder. Oder sie ziehen noch einmal alles aus dem Geschäft heraus, machen Konkurs und gehen ins Ausland.

Trotzdem wäre es gut, wenn auch die kleinen Leute sagen könnten: „Das Leben geht weiter!" Ich halte diesen Ausspruch sogar für einen Ausdruck des christlichen Glaubens, auch wenn er nicht in der Bibel steht. Für einen Christen gibt es keinen Grund, den Kopf hängen zu lassen, weil Gott ihm immer wieder einen Weg zeigt.

Zuversichtlich kann man auch dann sein, wenn man arbeitslos ist. Innerhalb eines Jahres musste ich gleich dreimal diese Erfahrung machen. Da musste mir auch sagen: „Das Leben geht weiter!" Gott hilft weiter. Er gibt die Zuversicht: „Du bist von Gott geliebt, er will dein Leben bewahren, er will dir weiterhelfen, auch wenn du selber keinen Ausweg siehst!" Diese Zuversicht möchte ich auch denen weitergeben, die im vergangenen Jahr arbeitslos geworden sind oder die es im neuen Jahr werden.

Arbeitslosigkeit bedeutet zwar einen großen Bruch im Leben. Aber das Leben hört damit nicht auf. Man ist nur von der einen Seite auf die andere Seite gerutscht. Leider wird die Kluft zwischen den beiden Seiten immer größer und die Rückkehr auf die Sonnenseite immer schwieriger. Doch man kann durchaus auch leben ohne Fernreisen und Zweitwagen. Es gibt Millionen von Menschen auf der Welt, die nicht wissen, wie sie den folgenden Tag überstehen sollen.

Im vergangenen Jahr haben wir auch erleben müssen, dass uns Menschen durch den Tod genommen wurden. Auch im neuen Jahr müssen wir wieder damit rechnen. Doch dann gilt in einem viel tieferen Sinne: „Das Leben geht weiter!" Es geht weiter für den, der mit einer Lücke an seiner Seite weiterleben muss und nun einen schweren Mangel empfindet.

Es geht aber auch weiter für den, dem das irdische Leben genommen wurde. Gott gibt ihm ein neues Leben und eine neue Zukunft. Jesus Christus sagt: „Ich bin die Auferstehung und das Leben!" (Johannes 11, Vers 25). Das ist noch mehr als die rein menschliche Weisheit von dem Leben, das weitergeht. Dahinter steht die göttliche Zusage und die Zuversicht des Glaubens. Auch wenn dieses Jahr unser letztes sein sollte, so gilt doch: „Das Leben geht weiter, denn bei Gott ist die Auferstehung und das Leben!"

Auch das neue Jahr beginnen wir mit Dank Neujahr

In einer Metzgerei: Die freundliche Verkäuferin reicht dem Kind eine Scheibe Wurst. Das Kind nimmt die Wurst und verzehrt sie auf der Stelle. Ein Mann beobachtet die Szene und meint: „Na, willst du nicht Danke sagen?“ Darauf erwidert die Mutter: „Die Danke-Generation ist ausgestorben.“ Die anderen Kunden schauen sich teils betreten, teils empört an. Aber keiner will etwas sagen. Jeder denkt sich sein Teil. Sicher auch: „Ja, Undank ist der Welt Lohn, und das nicht erst in unserer Zeit.“

Wo Menschen nicht mehr Danke sagen, da fehlt etwas. Nicht nur dem, der auf den Dank wartet, auch dem, der etwas Gutes einfach so hinnimmt. Denn wer nicht Danke sagen kann und keine Dankbarkeit empfindet, dem ist das Gute allzu selbstverständlich geworden. Und wozu sollte man sich freuen über das, was selbstverständlich ist? Wo Menschen aber Danke sagen können, da gewinnen sie an Lebensfreude. Denn sie erkennen: Das Gute, das mir täglich begegnet, ist ein Geschenk.

Das hat ein indischer Christ erkannt, als er betete:„Ich klage nicht darüber, dass hier keine elektrischen Lampen leuchten. Aber ich danke dir, mein Herr, für die glänzenden Sterne und den Mond. Ich klage nicht darüber, dass wir hier keine Wasserleitungen haben. Aber ich danke dir, mein Herr, für den sprudelnden Wasserquell und den Monsunregen. Ich klage nicht darüber, dass ich nicht in einem Bungalow wohne. Aber ich danke dir, mein Herr, für die Bambuspflanzen, aus denen ich meine Hütte bauen kann. Ich klage nicht darüber, dass wir keine großen Pläne für die Zukunft haben. Aber ich danke dir, mein Herr, dass wir auf dich hoffen dürfen. Ich klage nicht darüber, dass wir ungebildet und arm sind. Aber ich danke dir, mein Herr, dass du uns reich machst, andere zu lieben.“

Danken ist positiv und aufbauend. Der indische Christ entdeckt die Pluspunkte seines Lebens und verkleinert damit die Minuspunkte. Er belügt sich nicht, sondern wird zufriedener. Zu dieser optimistischen Lebenseinstellung können wir uns durch Danken erziehen. Denn auch „positive Augen“, die in allen Lebenslagen zuerst die Sonnenseiten und nicht die Schattenseiten sehen, haben wir nicht geerbt.

Christen wissen, dass Gott das Beste mit uns vorhat. Was er geschaffen hat, ist gut. So steht es im 1. Timotheusbrief: „Alles, was Gott geschaffen hat, ist gut, und nichts ist verwerflich, was mit Danksagung empfangen wird!“(Kapitel 4, Vers 4). Was wir dankbar genießen können, verliert seinen unguten Beigeschmack. Dankbarkeit verändert unsere gesamte Lebenseinstellung.

Danket dem Herrn, denn er ist freundlich,
und seinen Güte währet ewiglich.
Wer kann die großen Taten des Herrn alle erzählen
und sein Lob genug verkündigen.
Wohl denen, die das Gebot halten
und tun immerdar recht!
Herr, gedenke meiner nach der Gnade,
die du deinem Volk verheißen hast.

(Psalm 106, Vers 1 bis 4)

Das Lebensbild durchgestrichen

Neujahr

Der englische Maler Thornbill hatte den Auftrag erhalten, das Innere der Kuppel in der Sankt Pauls Kathedrale in London auszumalen. Nach vielen Monaten voller Arbeit hatte er einen Abschnitt dieses Auftrags beendet. Er stand auf dem Gerüst und wollte sehen, wie die Bilder aus der Entfernung wirken. Während er die Augen auf die Malerei richtete, ging er immer weiter zurück. Dabei bemerkte er gar nicht, dass er immer mehr an den Rand des Gerüsts kam. Noch einen halben Schritt weiter, und er wäre abgestürzt.

Aber einer der Gehilfen des Malers bemerkt die Gefahr. Er ergreift einen Pinsel und zieht über das fast vollendete Gemälde einen breiten Strich. Der Maler ist außer sich vor Zorn und springt nach vorne, um den Frevler zurückzureißen. Sein Zorn verwandelt sich aber schlagartig in tiefste Dankbarkeit, als er den Grund der ungewöhnlichen Handlung erkennt. Der Gehilfe sagt zu ihm: „Meister, indem ich die Malerei verdarb, habe ich Ihr Leben gerettet. Hätte ich nämlich gerufen, so hätten Sie sich vermutlich umgewandt und wären abgestürzt!“

So macht auch Gott manchmal einen Strich durch die schönen Bilder, die wir uns von unserem Leben machen. Denken wir nur an das vergangene Jahr. Was haben wir doch alles erreichen wollen, was hatten wir uns nicht alles vorgenommen! Wir wollten im Beruf vorankommen, wir wollten unsere Wohnverhältnisse verbessern, wir wollten ein neues Auto kaufen, wir wollten endlich die schon lange geplante große Reise unternehmen.

Aber dann wurde uns ein Strich durch die Rechnung gemacht: Wir mussten zu einer Operation, die Firma ging pleite, der Sturm deckte das Dach ab, ein ungeplantes Kind kam dazwischen. Es gibt so vieles, was unsre Pläne über den Haufen werfen kann. Das heißt nicht, dass wir keine Pläne machen dürften. Der Mensch lebt davon, dass er Entwürfe für sein Leben macht und sie zu verwirklichen versucht. Aber wir müssen damit rechnen, dass sich nicht alles so verwirklichen lässt, wie wir uns das vorgestellt haben.

Wenn Gott etwas durchstreicht, dann löscht er damit nicht nur unsre schönen Pläne, sondern auch unser Versagen und unsre Fehler. So dürfen wir froh sein, weil er die Schuld des vergangenen Jahres ausgestrichen hat. Ohne das hätten wir den verhängnisvollen Schritt nach hinten getan und wären abgestürzt. So aber sind wir nach vorne geschritten und konnten neu beginnen.

Deshalb bringt es nichts mehr, wenn wir den verpassten Chancen des vergangenen Jahres nachtrauern. Das ist nun vorbei, daran lässt sich nichts mehr ändern. Und wir können wieder zufrieden sein, wenn wir das verinnerlichen, was der Prophet sagt: „Meine Gedanken sind nicht eure Gedanken und eure Wege sind nicht meine Wege. So viel der Himmel höher ist als die Erde, so sind auch meine Gedanken höher als eure Gedanken!“ (Jesaja 55, Vers 8 bis 9).

Inzwischen hat ein neues Jahr begonnen. Wir dürfen in dieses Jahr hineingehen im Vertrauen auf Gottes Geleit. Wenn früher die Kaufleute von Frankfurt nach Leipzig zogen, dann wurden sie jeweils an der Grenze eines Gebiets empfangen und durch es geleitet, damit ihnen Räuber nichts antun konnten. Allerdings geschah das nicht ganz uneigennützig, sondern für den Geleitschutz musste natürlich Geld gezahlt werden.

Gott aber verlangt keine Gegenleistung für sein Geleit. Er warnt uns vor Gefahren, die wir nicht im geringsten ahnen. Er hält die Hand dazwischen, wenn wir abzustürzen drohen. Wir erkennen das nicht immer gleich, sondern sind im Gegenteil oft unzufrieden mit dem, wie alles gelaufen ist. Aber letztlich werden wir doch auf den richtigen Weg gebracht.

„Die auf den Herrn harren, kriegen neue Kraft“ Neujahr

Die Lage ist trist, die Zukunft katastrophal, schuld sind die anderen - allen voran die Regierung. Es vergeht kein Tag ohne Berichte in Fernsehen, Rundfunk und (Bild-)Zeitung, in denen klagende Wirtschaftsfachleute und Interessenvertreter zu Wort kommen. Die übliche Dauerkritik ist zu einem tosenden Klagelied angeschwollen. Jammern zahlt sich in unserem üppig gebenden Sozialstaat aus, denn wer laut genug schreit, darf auf Erhöhungen der Zuschüsse hoffen. In einer Umfrage zu Beginn des Jahres 2003 wurde nach den wirtschaftlichen und politischen Zukunftsaussichten für das neue Jahr gefragt. Ein Viertel der Bürger erwartet, dass alles so bleibt. Nur wenige - vor allem Jüngere - glauben, dass es im nächsten Jahr endlich wieder aufwärts geht.

Das sieht nach allgemeiner Verzweiflung aus - keine gute Ausgangsbasis für positive Veränderungen. In Befragungen zeigt sich immer wieder, dass die Deutschen zwar große gesellschaftliche Probleme wahrnehmen, mit ihrem eigenen Leben jedoch zufrieden sind. Bleibt die Katastrophe wider Erwarten aus, kommt es zu einem schweren Katzenjammer, der nur von der Aussicht auf das nächste Unheil geheilt wird.

Gerade die Interessenvertreter gehören zu den größten Nörglern der Nation. Jammern ist immer mit der Übertragung der Schuld an andere verbunden. Nicht die eigene Gruppe, sondern die anderen sind stets schuld. Die Deutschen sind als Volk der Dichter und Denker grüblerischer veranlagt und jammern mehr als andere. Einige Menschen lehnen aber die ewige Miesmacherei mittlerweile gewaltig ab. Unternehmer und Forscher melden sich zu Wort, um zu verhindern, dass Deutschland im Jammertal versinkt.

Der Porsche-Chef Wendelin Wiedeking gehört zu den prominentesten Anti-Jammerern in Deutschland. „Einen Standort kann man auch kaputt reden", sagt er. Erich Sixt, der Chef des Autovermieters Sixt, meint: „Es besteht die Gefahr, dass durch das ständige Jammern über die Konjunkturflaute eine Art selbst erfüllende Prophezeiung entsteht. Wir sollten beginnen, positiv zu denken." Diese Handvoll Unternehmer gehören zur kleinen Minderheit, die Optimismus verbreitet.

Der Präsident des Verbandes der Automobilindustrie, Bernd Gottschalk, sagt: „Wenn die Deutschen Licht am Ende des Tunnels sehen, neigen sie oft dazu, den Tunnel erst noch zu verlängern!" Wer ein optimistischer Typ ist, sieht durchaus Licht am Ende des Tunnels. Der Pessimist hält es für die Signale des entgegenkommenden Zuges. Irren tun sich beide sicher genau sooft. Nur sind die Optimisten weitaus glücklicher dabei.

Nicht, dass es keinen Grund zur Sorge gäbe. Aber wenn dazu noch Untergangstimmung kultiviert wird, kann auch aus den vorhandenen guten Ansätzen und hoffnungsvollen Vorgängen nicht viel werden. „Frisch gewagt, ist halb gewonnen" haben die Altvorderen ihre Lebenserfahrung zusammengefasst. Statt mit pessimistischen Prognosen ins neue Jahr zu gehen, kommt es darauf an, das dankenswert Gute in den Blick zu nehmen, positive Erfahrungen laut weiter zu sagen und sich überall dort tatkräftig einzusetzen, wo unserer Meinung nach Zukunftsweisendes geschieht. Da bleibt einfach keine Zeit zur Niedergeschlagenheit.

Ein Bibelwort hat mich in diesem Zusammenhang immer wieder begleitet. Es war auf das Altartuch in einer Kirche gestickt, in der ich Dienst tat: „Die auf den Herrn harren, kriegen neue Kraft, dass sie auffahren mit Flügeln wie Adler!" (Jesaja 40, Vers 31). Wenn wir mit Gott ins neue Jahr gehen, bekommen wir immer wieder Kraft für unser Leben.

„... auffahren mit Flügeln wie Adler" Adler

Im Tierpark „Alte Fasanerie“ bei Klein-Auheim gibt es einen Adler, der manchmal zu Spielen der Frankfurter Eintracht ins Waldstadion gebracht wird. Es wird erzählt, wenn der Adler dabei war, habe die Eintracht noch nie verloren. Gegen Mainz haben sie immerhin nicht verloren. Aber den Klassenerhalt haben sie dann auswärts in Dortmund klargemacht - auch ohne Adler. Hauptsache ist offenbar, dass man an die Kraft eines solchen Symbols glaubt und dass der Glaube auch hochbezahlte Profi-Fußballer beflügelt.

Der Adler hat so scharfe Augen, dass er aus 400 Meter Entfernung eine Zeitung lesen könnte. Mit seinen zwei Meter breiten Flügeln kann er sich in große Höhen hoch schrauben. Die Enden seiner Flügel sind etwas hoch gebogen, damit dort Verwirbelungen vermindert werden und Kraft gespart wird. Er kann Beute im Flug fangen oder blitzschnell zu Boden stoßen, um ein Beutetier zu fangen. Der Adler ist der Inbegriff der Stärke und des Könnens. Deshalb ist er nicht nur das Wappentier der Frankfurter Eintracht, sondern zum Beispiel auch der Stadt Frankfurt und sogar unseres gesamten Staates.

Auch in der Bibel wird das Beispiel des Adlers immerhin 17 mal gewählt. Mir gefällt am Besten das Wort aus: „Die auf den Herrn harren kriegen neue Kraft, dass sie auffahren mit Flügeln wie Adler, dass sie laufen und nicht matt werden, dass sie wandeln und nicht müde werden!“ (Jesaja 40, Vers 31). Jahrelang habe ich diesen Vers als Schrift auf dem Altarumhang gesehen. Ich kannte ihn vorher nicht, aber er ist zu einem meiner Lieblingssprüche aus der Bibel geworden.

Der Adler, der seine Schwingen in den Wind hält und wie von selbst immer höher getragen wird, kann uns das Bild sein für das Leben eines Christen: Wer immer nur selbst mit den Flügeln schlägt, wird nicht weit kommen und vor allem nicht sehr hoch. Wer aber Gottes Kraft nutzt, gewinnt den Überblick über die Landschaften seines Lebens. Frei wie ein Adler wollen wir alle sein oder werden.

Der Glaube wird dabei aber von manchen Menschen als hinderlich angesehen: Wer nach Gott fragt, mache sich doch abhängig und sei nicht mehr ein freier Mensch über sein Leben. Gott ziehe nach unten und nicht nach oben. Er drücke den Menschen nieder auf den Boden und lasse ihn nicht mehr hochkommen. Gott mache unfrei. Bei Jesaja dagegen heißt es: „Die auf den Herrn harren, kriegen neue Kraft!“

Wenn man gespannt wartet auf das Eingreifen Gottes, dann wird es auch geschehen. Wir können es nicht allein schaffen - wir brauchen es auch nicht allein zu schaffen. Es gibt aber einen, der uns Aufwind und Auftrieb verschafft. Vielleicht muss man nur mehr danach suchen, sich dorthin begeben, wo Gottes Winde wehen.

Vor allem der Gottesdienst, das Hören auf Gottes Wort, die Gemeinschaft mit anderen Christen gibt uns neuen Aufschwung. Aber auch wenn dann der Weg der Kirche und auch der persönliche Weg nicht immer dem Flug des Adlers gleicht, so bleibt doch die Gewissheit, Gott geht mit uns, er hebt und trägt uns.

„Wenn der Herr will und wir leben“ Neujahr

Das neue Jahr ist bald schon wieder ein altes. Aber am Ende des ersten Monats ist es Zeit, schon einmal eine kleine Bilanz zu ziehen: Was ist aus den guten Vorsätzen geworden, die wir uns für das neue Jahr gefasst hatten? Haben sich unsere gut gemeinten Vorhaben und schönen Träume vom besseren Leben verflüchtigt wie ein Rauch? Soll man sich überhaupt etwas vornehmen für ein neues Jahr? Vor allem aber dürfen wir auch nicht außer acht lassen, dass die Verwirklichung unserer Vorhaben nicht allein in unserer Macht steht. Ohne Gott geht gar nichts in unserem Leben.

Das spricht auch die „Bedingung des Jakobus“ aus, die im Jakobusbrief steht: „Ihr wisst nicht, was morgen sein wird. Was ist euer Leben? Ein Rauch seid ihr, der eine kleine Zeit bleibt und dann verschwindet. Dagegen solltet ihr sagen: Wenn der Herr will, werden wir leben und dies oder das tun!“ (Kapitel 4, Vers 14 bis 15). Unser Leben und unsere Vorhaben stehen immer unter dem Vorbehalt, dass wir nicht wissen, ob wir den nächsten Tag noch erleben. Das soll uns nicht erschrecken, aber doch nüchtern bleiben lassen: Man kann planen, man muss planen, aber das Gelingen gibt allein Gott.

Doch man darf auch nicht in das andere Extrem verfallen, dass man alles Gott überlassen will, ohne selbst etwas zu tun. Das erfuhr ein junger Mann, der im Traum in einen Laden ging, um einzukaufen. Hinter dem Tisch stand ein Engel. um ihn zu bedienen. Der junge Mann will die Gelegenheit nutzen und fragt: „Was verkaufen Sie, mein Herr?“ Der Engel antwortete: „Alles, was sie wollen!“ Da sagte der junge Mann: „Ich hätte gern das Ende aller Kriege in der Welt, bessere Bedingungen für die Randgruppen der Gesellschaft, Beseitigung der Elendsviertel in Lateinamerika und Afrika, Arbeit für die Arbeitssuchenden, Ausbildungsplätze für Jugendliche, bessere Maßnahmen gegen Rauschgift und Aids, tatkräftige Hilfe für Straßenkinder und ….und…. und!“ Da fiel ihm der Engel ins Wort und sagte: „Entschuldigen Sie, junger Mann. Sie haben mich falsch verstanden. Wir verkaufen keine Früchte, wir verkaufen nur den Samen!“

Aber immerhin haben wir den Samen. Er ist uns am Anfang des Jahres anvertraut, damit wir ihn aussäen und zu vermehren versuchen. Allerdings braucht alles seine Zeit, Gott muss das Gedeihen dazu geben. Aber er verspricht uns gute Frucht, wenn wir uns nur auf ihn verlassen und ihm vertrauen. Treffend beschreibt das auch ein irischer Segenswunsch: „Möge die Saat, die du ausgestreut hast, dir und den deinen hundertfältige Frucht bringen, tausendfältige jedoch, wenn du sie teilst! Ein Samen bringt erst dann wahre Frucht, wenn sie mit anderen geteilt wird“. Im neuen Jahr haben wir viel Gelegenheit dazu.

Zuversicht

Komme, was mag, Gott ist mächtig! Wenn unsere Tage verdunkelt sind
und unsere Nächte finsterer als tausend Mitternächte,
so wollen wir stets daran denken, dass es in der Welt
eine große segnende Kraft gibt, die Gott heißt.
Gott kann Wege aus der Ausweglosigkeit weisen.
Er will das dunkle Gestern in helles Morgen verwandeln -
zuletzt in den leuchtenden Morgen der Ewigkeit.

(Martin Luther King)

Bei der Eingangsuntersuchung in einer Klinik drückte man mir auch einen Fragebogen in die Hand, mit dem man testen wollte, ob ich seelische Probleme habe. Sie hatten dort nämlich auch einen Psychologen, der beschäftigt werden sollte. Oder sagen wir es positiver: Sie wollten den Patienten ganzheitlich helfen und auch bei seelischen Problemen helfend eingreifen.
Doch bei allen Fragen hätte ich am liebsten die „Null“ angekreuzt: Keine Angst, keine Schüchternheit, keine Kontaktschwierigkeiten (außer meinem Horror vor dem Telefon, aber danach wurde nicht gefragt). Ich habe dann bei drei Fragen doch einmal die „eins“ angekreuzt. Aber meine Befürchtung trat nicht ein, der Psychologe blieb mir erspart. Nur ein Arzt sprach den Fragebogen noch einmal kurz an: „Da hat sich ja nichts ergeben!“ Ich sagte: „Es gibt kaum einen Menschen der optimistischer ist als ich. Bekannte haben mir das schon gesagt, dass ich bei jeder Sache doch noch etwas Gutes finde!“
Allerdings muss ich zugeben, dass mein Körper in dieser Zeit eine andere Sprache sprach. Als ich vor dem Operationssaal auf dem Tisch lag, hatte ich einen Blutdruck von 180 zu 100. So ganz spurlos gehen Stress-Situationen an keinem Menschen vorüber. Aber gerade dann braucht man einen Halt, um diese Situation zu überwinden.
Da kann einem helfen, wenn man nicht allein ist. Wie gut ist es, wenn man einen Ehepartner hat: Manchmal ist der Mann positiver, manchmal die Frau. So kann man sich gegenseitig ausgleichen. Wie gut ist es, wenn man Freunde oder Freundinnen hat, mit denen man einmal alles besprechen kann. Auch Fachleute wie Psychologen oder Seelsorger sind da natürlich eine Hilfe.
Aber letztlich kann uns nur Gott helfen, die Angst vor der Zukunft zu überwinden. „In der Welt habt ihr Angst, aber seid getrost, ich habe die Welt überwunden!“ heißt es in Johannes 16, Vers 33. In der DDR wurde dieser Spruch nicht in Todesanzeigen gedruckt, mit dem Argument, im Sozialismus brauche man keine Angst zu haben. Wir wissen es besser. Aber wir wissen auch, wer diese Angst besiegen kann: Gott eröffnet uns eine Zukunft und hilft uns, mit den Schwierigkeiten unsres Lebens fertig zu werden. Deshalb können wir auch mit Zuversicht ins neue Jahr gehen.

Irischer Reisesegen
Den neuen Tag, Gott, segne mir -
so, neu, noch nie gewesen!
Voll Dank für deine Gegenwart
sei die Zeit, die du mir gegeben.
Meine Augen segne mir, Gott,
dass sie loben, was immer sie sehen:
meinen Nachbarn, ich will ihn segnen,
und mein Nachbar segne mich.
Ein augeräumtes Herz gib mir,
hab‘ auch du mich immer im Auge.
Mach‘ Frau und Kinder zum Segen für mich
und meinen Hof mit all seinem Leben.

Das Licht kam in die Finsternis Letzter Sonntag nach Epiphanias

Peter Hahne war von Beruf Pfarrer und wurde dann Nachrichtensprecher beim Fernsehen, später ist er Korrespondent in Berlin. In einem Interview im Dezember 2003 sagte er: „Als Nachrichtensprecher beginnt man mit ‚Guten Tag', obwohl man weiß, dass die folgenden Meldungen und Berichte gar nicht so gut sind. An Weihnachten ist es umgekehrt. Da gibt es nur die frohe Botschaft, die in eine nicht sehr gute Welt gesprochen wird!“

Unsere Welt ist nicht so, wie wir sie uns wünschen. Viele stöhnen: Überall diese Gewalt, es ist alles teurer geworden, die Arbeitslosigkeit nimmt zu, die Krankenversorgung ist nicht gesichert, die Rente reicht nicht! Dabei geht es uns doch gut. Sicherlich, es gibt Staaten, in denen es den Menschen noch besser geht, wie zum Beispiel in unserem Nachbarland Luxemburg. Aber wenn wir unter rund 200 Staaten an 15. Stelle liegen, dann haben wir doch keinen Grund zum Klagen.

Auch als Christen haben wir keinen Grund, den Kopf hängen zu lassen. Seit Jesus in die Welt kam, ist das Licht für alle Menschen aufgegangen. Das Johannesevangelium drückt es so aus: „Das Licht kam in die Finsternis!“ (Johannes 1, Vers 5). Wenn es dunkel ist, haben viele Menschen Angst. Aber sowie es hell wird, ist diese unerklärliche Angst auf einen Schlag verflogen. Wir brauchen das Licht, um ohne Angst leben zu können.

Seit Jesus haben wir diese Möglichkeit. Darüber könnten wir an diesem Sonntag noch einmal nachdenken. Er ist der letzte Sonntag im Weihnachtsfestkreis. Viele haben jetzt eher die Fastnacht im Sinn, in der sie einmal für einige Stunden den Alltag überwinden wollen. Aber theologisch gesehen haben wir immer noch Weihnachten. Dieses Fest beschränkt sich nicht auf einige wenige Tage, sondern es wirkt in die Welt und die Zeit hinein.

Im Johannesevangelium hat der Satz noch eine Fortsetzung: „ ..doch die Finsternis hat‘s nicht begriffen“ oder etwas später: „Er kam in sein Eigentum, und die Seinen nahmen ihn nicht auf!“ Da ist es, das Bedauern, dass die Welt nicht so ist, wie sie sein könnte. Aber das Schwergewicht bei Johannes liegt auf solchen Sätzen wie „Die ihn annahmen, konnten Gottes Kinder werden“ oder „Das Wort ward Fleisch und wohnte unter uns!“ Seit Weihnachten gibt es eine andere Möglichkeit, wie wir in der Welt leben können. Um uns herum ist nicht nur Dunkelheit, sondern auch Licht. Es gilt nur, dieses Licht auch in unserem Alltag wahrzunehmen.

Im Frankfurter U-Bahnhof „Parlamentsplatz“ ist an den Wänden eine schwarz-weiß Grafik zu sehen. Man kann sich fragen: Sind die weißen Flächen das Bild oder die schwarzen? Ein Psychologe würde aus der Antwort wohl auf die innere Beschaffenheit des Menschen schließen: Wer Probleme hat, wird alles nur schwarz sehen. So beschreiben es auch Menschen, die unter Depressionen leiden: Sie kommen sich vor, als würden sie mitten in einem völlig dunklen Zimmer sitzen. Nur wer optimistisch ist, wird die weißen Flächen zu einem Bild zusammensetzen.

Christen haben den Schlüssel dafür, die weißen Flächen zu erkennen. Sie nehmen zwar auch das Dunkle wahr. Aber die eigentliche Botschaft kommt aus den hellen Flächen, nur sie ergeben ein sinnvolles Bild, nur sie machen Mut und eröffnen eine Zukunft. Deshalb haben wir das Recht und die Pflicht, einem anderen Menschen einen „Guten Tag“ zu wünschen. Wir sollten es nicht nur als höfliche Floskel dahin sagen, sondern wirklich ernst meinen. Jeder Mensch verdient einen „Guten Tag“, braucht unsre Segenswünsche, braucht unsren menschlichen Beistand und vor allem auch Gottes Zuwendung. Vor allem aber brauchen wir selber das auch jeden Tag. Doch aus Gottes Wort wird uns jeden Tag ein „guter Tag“ zugesagt und damit kommt Licht in unsre Finsternis.

Gott schickt die Feuerwehr Fastnacht

Ein Pfarrer gerät auf dem Nachhauseweg in den Sumpf. Aber er macht sich weiter keine Sorgen und denkt: „Mir wird schon nichts passieren, Gott wird mir helfen!“ Ein zufällig vorbeikommender Mann alarmiert die Feuerwehr. Doch als die kommt, sagt der Pfarrer: „Ihr braucht mir nicht zu helfen, der Herr ist mein Hirte!“ Nach einer Stunde fährt die Feuerwehr aber doch noch einmal hin und sieht den Pfarrer bis zum Bauch im Moor stehen. Aber er wehrt wieder ab: „Der Herr hat seinen Engel befohlen, dass sie dich behüten auf allen deinen Wegen!“ Als die Feuerwehr zwei Stunden später wieder kommt, steckt der Pfarrer bis zur Unterlippe im Sumpf, ruft aber dennoch: „Gott, von allen Seiten umgibst du mich!“ Dann gluckert er ab.
Vor der Himmelstür schimpft der Pfarrer wie ein Rohrspatz: „Über 40 Jahre habe ich dir gedient. Ich habe den Zölibat eingehalten. Bei Wind und Wetter bin ich zu den Kranken gegangen. War das denn nun alles vergebens?“ Da antwortet ihm Gott achselzuckend: „Sollte ich dir denn noch mehr als dreimal die Feuerwehr schicken?“
Die Geschichte macht uns deutlich:
1. Wir können uns nicht in jeder Lage selber helfen: Vieles ist uns möglich. Wir haben Kräfte und Fähigkeiten, die wir einsetzen sollen. Erst einmal sind wir selber gefordert und können uns nicht nur auf Hilfsorganisationen verlassen. Dazu gehört auch, dass man vorsichtig ist und nicht mit den Skiern einen Hang hinunter fährt, der gar nicht dafür freigegeben ist. Zuerst einmal sind wir für uns selber verantwortlich.
2. Gott hilft durch Menschen: Manchmal kommen wir auch an Grenzen unserer Möglichkeiten. Dann sind aber oft andere Menschen da, die uns helfen können. Ihre Hilfe sollten wir nicht stolz ablehnen, sondern gern annehmen. Gott hilft meist nicht durch sogenannte „Wunder“, sondern durch andere Menschen. Diese haben sich in besonderer Weise auf den Notfall vorbereitet, haben die Hilfe in vielen Stunden trainiert. So ist es beim Roten Kreuz, der Feuerwehr und dem Technischen Hilfswerk. Da darf man auch gern auf sie zurückgreifen, wenn man sich nicht selber helfen kann. Wir leben zum Glück nicht allein auf der Welt, sondern sind dazu da, anderen zu helfen oder uns von ihnen helfen zu lassen.
3. Wenn Gott hilft, muss man seine Hilfe erkennen und zugreifen: Es genügt nicht, wenn wir sagen: „Bisher habe ich immer Glück gehabt, es wird auch jetzt wieder gut gehen!“ Man muss auch erkennen, dass Gott hinter jeder Hilfe steht, die uns zuteil wird. Und dann darf man nicht zu stolz sein, auch Hilfe anzunehmen.
Das waren auch nicht die drei katholischen Nonnen, die im Winter in der Rhön mit dem Auto liegen geblieben waren und froh waren, dass ein anderer Autofahrer sie mitnahm. Sie sanken erleichtert auf die Sitze des warmen Autos und eine sagt erleichtert: „Maria hat geholfen!“ Aber da sagt der Fahrer ganz trocken: „Das war nicht Maria, sondern der evangelische Pfarrer!“
Nun ist aus meinen „Gedanken zum Sonntag“ fast eine Büttenrede geworden. Aber wie bei einer Büttenrede steckt hinter allem doch ein ernster Hintergrund.

Am Super-GAU ist Gott nicht schuld

Palmarum

In Goethes Gedicht vom Zauberlehrling kommt nur Wasser aus dem Haus. In Japan und vorher auch schon anderswo kam aber radioaktive Strahlung aus dem Atom-Reaktor. Der Physiker Otto Hahn konnte 1938 nicht ahnen, dass die von ihm entdeckte Atomspaltung solche Folgen haben könnte. Zunächst wurden Atombomben hergestellt und auch ausprobiert. Dann wollten die Täter ihr schlechtes Bild in der Welt wieder verbessern und warben für „Atome für den Frieden".
Wir können schon dankbar sein, dass radioaktive Isotope in der Medizin manche Krankheit aufdekken oder Strahlenkanonen viele Krankheiten bekämpfen. Aber zur friedlichen Nutzung gehören angeblich auch die Atomkraftwerke. Nicht erst seit kurzem wissen wir, dass diese Technologe nicht beherrschbar ist. Angeblich soll der „größte anzunehmende Unfall" in 100.000 Jahren nur einmal vorkommen, aber das kann auch schon heute oder morgen sein.
Goethe wollte mit seinem Gedicht noch vor den Gefahren der technischen Entwicklung seiner Zeit warnen. Er sah den Menschen als Zauberlehrling an, der zwar eine Sache ins Rollen bringen kann, aber dann nicht weiß, wie er sie wieder anhalten soll. Bei Goethe kam aber wenigstens dann noch der Hexenmeister, der alles wieder in die richtigen Bahnen leitete. Doch machen wir uns nichts vor: Gott ist nicht so ein Hexenmeister, der die Fehler der Menschen wieder ausbügelt. Manche wollen ihn dazu machen, wenn sie sagen: „Wie konnte Gott das zulassen?" So kann man noch fragen bei Erdbeben und Tsunami, aber nicht bei eine Atomunfall.
Die Menschen, die sich die Schöpfungserzählungen der Bibel ausdachten, die haben Gottes Absicht so formuliert: „Gott setzte den Menschen in den Garten, dass er ihn bebaute und bewahrte!" (1. Mose 2, Vers 15). Damals dachte man nur an die Landwirtschaft und sah die Erde wie einen Garten an, den man wie ein Gärtner bewirtschaften sollte, aber dabei auch bewahren musste. Heute beziehen wir da die ganze technische Welt mit ein. Die Technik - so segensreich sie für den Menschen ist - darf aber nicht Natur und Mensch gefährden. Wir dürfen keine Technik anwenden, die nachher „Helden" erfordert.
Manche sagen nun: „Aber die anderen haben doch auch Kernkraftwerke! Soll es am Ende noch so kommen, dass wir von denen den Strom kaufen müssen?" Doch hier kann sich keiner herausreden, sondern er muss immer zuerst vor seiner eigenen Tür kehren. Deutschland war auf einem guten Weg, die erneuerbaren Energien zu erproben und weiterzuentwickeln. Aber durch die Verlängerung der Laufzeiten der Kernkraftwerke wurde der Druck in diese Richtung geringer, Atomstrom hat in der Praxis sogar Vorrang vor der Energie aus Windkraft. Hier umzusteuern ist unser aller Aufgabe, auch wenn der Strom dadurch teurer wird.
Wir stehen jetzt am Beginn der Passionswoche, in der wir an das Leiden und Sterben Jesu denken. Am Palmsonntag haben ihn seine Anhänger noch mit „Hosianna" begrüßt, und an Karfreitag haben seine Gegner „Kreuzige ihn" gerufen. War der Tod Jesu Schuld der Menschen oder gehörte er in Gottes Plan? Diese Frage kann man nicht eindeutig beantworten, da gilt wohl beides.
Aber in der Frage der Atomkraftwerke ist die Antwort eindeutig: Sie dienen nicht der Bewahrung der Schöpfung, sondern gefährden sie in ungeheurem Maße, bis hin zur Vernichtung alles Lebens auf der Erde. Die Gefahr kommt heute nicht so sehr von den Atombomben, sondern von der „friedlichen Nutzung" in den bisher 450 Atomkraftwerken, die aber noch um 150 aufgestockt werden sollen. Aber wir müssen nicht alles umsetzen, was wir gefunden und erforscht haben.

Nur die Liebe Jesu Christi überwindet die Kälte zwischen den Menschen Karfreitag

Der englische Schriftsteller Oscar Wilde gilt allgemein als scharfzüngiger Satiriker. Aber er hat auch eine wundervolle, zarte Geschichte geschrieben, in der er auf das Geschehen an Karfreitag Bezug nimmt. Die Geschichte „Der selbstsüchtige Riese“ lautet in Kurzfassung:
Wenn die Kinder aus der Schule kommen, gehen sie in den Garten des Riesen, um darin zu spielen und glücklich zu sein. Doch eines Tages kommt der Riese nach langer Abwesenheit zurück und verjagt die Kinder. Er baut eine hohe Mauer um den Garten und stellt ein Verbotsschild auf: Er will den Garten ganz allein nutzen. Doch als der Frühling kommt, bleibt es im Garten des selbstsüchtigen Riesen immer noch Winter. Weil keine Kinder da sind, wollen auch die Vögel nicht singen und die Bäume nicht blühen. Der Garten bringt keine Frucht.
Eines Morgens aber singt ein kleiner Vogel vor dem Fenster des Riesen. Er sieht hinaus in den Garten und entdeckt in den Zweigen der Bäume lauter Kinder. Die Bäume sind voller Blüten, die Vögel zwitschern, die Blumen blühen aus dem grünen Gras. Nur im entferntesten Winkel des Gartens ist noch Winter. Dort steht ein kleiner Junge und weint, weil er nicht zu den Zweigen hinauf reichen kann. Da weiß der Riese, was er zu tun hat: Er setzt den kleinen Jungen in den Wipfel des Baumes, er reißt die Mauer ein und erklärt: „Das ist jetzt euer Garten!“
Als sich die Kinder aber verabschieden, ist der kleine Junge nicht mehr da. Er kommt auch nicht wieder, obwohl der Riese sich so sehr nach seinem kleinen Freund sehnt. Erst als der Riese alt ist, entdeckt er an einem Wintermorgen im entferntesten Winkel des Gartens einen Baum mit lieblich weißen Blüten. Darunter steht der kleine Junge. Der Riese hastet hin. Aber sein Gesicht rötet sich vor Zorn „Wer hat es gewagt, dich zu verwunden?“ ruft er. Denn auf den Handflächen und an den Füßen sieht er die Wundmale von Nägeln.
Der Riese greift nach seinem Schwert und will den Übeltäter erschlagen. Der Junge aber sagt: „Lass nur dein Schwert stecken, denn dies sind die Wunden der Liebe!“ Eine fremdartige Scheu überfällt den Riesen. Er kniet nieder vor dem Kind. Dieses lächelt ihm zu und sagt „Du ließest mich einst in deinem Garten spielen. Heute sollst du mit mir in meinen Garten kommen!“ Als die Kinder am Nachmittag in den Garten kommen, finden sie den Riesen tot unter dem Baum liegen, ganz bedeckt mit weißen Blüten.
So wie der Riese haben wir unsre Welt vielfach abgeschottet, gegen Kinder, Schwache und andere Hilfsbedürftige. Wir sehen die Welt als unsren Garten an, in dem wir bestimmen können. Wir fühlen uns als Riesen, die tun und lassen können, was sie wollen. Hinter unseren Mauern fühlen wir uns sicher. Wir halten uns für stark und eigenständig, wollen nur unseren Genuss und unsere Ruhe haben. Aber in Wirklichkeit ernten wir nichts als Sturm und Kälte und Einsamkeit. Da muss erst einer von außen kommen und die Mauern wieder aufbrechen und neues Leben in unsere Welt bringen, die ja Gottes Garten ist.
So kommt auch Jesus als ein Kind in die Welt. Erst durch ihn kommt Leben in die Welt, Wärme und Liebe. Er allein kann den Zugang zum Paradies wieder öffnen. Wenn er die Mauer der Selbstsucht und des Todes durchbrochen hat, können auch die anderen ihm folgen. Durch die Begegnung mit ihm verändern sich die Menschen. Wer ihm oder einem Menschen Gutes tut, der ändert das Klima in der Welt. Der Riese will zunächst auch erst zur Gewalt greifen. Aber Jesus macht ihm deutlich: Nicht mit Gewalt und Vergeltung lösen wir die Probleme unserer Welt, sondern nur mit Liebe. Das wissen wir schon am Karfreitag.

Die Mitte der Nacht ist der Beginn eines neuen Tages Karwoche

Wenn ein Zug um Mitternacht an einem Bahnhof ankommt, so steht im Fahrplan 24.00 Uhr. Wenn er aber um Mitternacht abfährt, so lautet die Abfahrtzeit 0.00 Uhr. So kann der gleiche Zeitpunkt ganz unterschiedlich gesehen werden: als das Ende des Alten oder als Beginn eines Neuen.
Wenn die Nacht dunkel ist, haben wir vielleicht noch Angst. Die Vergangenheit lastet auf uns und lähmt uns. Wir sinken in einen bleiernen Schlaf und wachen doch plötzlich wieder erschreckt auf. Der vergangene Tag ist noch nicht bewältigt, er hängt uns noch an, wir haben ihn mit in die Nacht genommen.
Da können wir es vielleicht so machen wie der Beter des 119. Psalms. Er schwankt auch hin und her zwischen Verzweiflung und Hoffnung, zwischen Gottlosigkeit und Festhalten an Gott. Da steht er um Mitternacht auf, um Gott zu danken (Vers 62). Er dankt ihm für den vergangenen Tag. Irgend etwas gibt es immer, wofür man danken kann. Wenn man das gefunden hat, ist der Tag nicht vergeblich gewesen. Aber zum Gebet gehört auch die Vorausschau auf den neuen Tag. Da will sich der Beter an Gottes Gebote halten und nicht vergessen, was Gottes Wille ist. Gottes Wort soll ihn begleiten in den neuen Tag hinein. Neue Zuversicht wächst aus dem Gebet.
Die Psalmen sind Gebete tief gläubiger Menschen, die aber hin und wieder einmal schwanken und sich ihres Glaubens erst wieder gewiss werden müssen. Deshalb stehen uns diese Gebete ja so menschlich nahe, weil sie nicht nur eine hohe Forderung aufrichten, sondern unsere menschliche Schwäche kennen und einbeziehen.
So sagt der Psalm 30: „Den Abend lang währet das Weinen, aber des Morgens ist Freude!" (Vers 6). Man darf also weinen, man darf Sorgen und Probleme haben. Aber dann ist das auch wieder vorbei. Ein neuer Tag zieht herauf. Und man darf wieder neu anfangen. Der Tag darf mit einer neuen Freude begonnen werden.
Oder in Psalm 46 heißt es von der Stadt Gottes: „.Gott hilft ihr früh am Morgen!" (Vers 6). Der Morgen ist die Zeit der Hilfe. Vielleicht kommt man sich verloren und vergessen vor und steckt noch in der Finsternis des Vortages. Aber man muss nur warten. Nach der Mitte der Nacht beginnt wieder ein neuer Tag und man kann wieder einen neuen Versuch wagen.
Bei der Eisenbahn geht tagsüber auch manches schief. Eine einzige Verspätung kann den ganzen Fahrplan durcheinander bringen. Es wird immer schlimmer, und am Abend herrscht das totale Chaos. Aber über Nacht wird der Verkehr schwächer. Früh um vier Uhr geht es wieder neu los. Der erste Zug ist bestimmt pünktlich. Man kann erneut versuchen, möglichst pünktlich zu bleiben. Den einen Tag gelingt es besser, den anderen schlechter. So ist halt unser Leben. Auch Gott gibt uns immer wieder die Möglichkeit zu einem Neuanfang.
Der Ostermorgen ist der schönste Morgen der Weltgeschichte, weil seitdem die Welt wieder Hoffnung und Zukunft hat. Aber etwas vom Glanz dieses Morgens strahlt aus auf jeden Morgen, den wir erleben dürfen. Auch am heutigen Tag und in der kommenden Woche dürfen wir darauf vertrauen, dass wir immer wieder neu anfangen können. Wenn die Nacht am schwärzesten ist, beginnt in Wirklichkeit doch schon wieder der neue Tag. Er kommt bestimmt, solange die Erde besteht.

Ostern „ohne oben" Ostern

Carola starb im Alter von 20 Jahren. Sie hatte sich immer für Raumfahrt interessiert. Im amerikanischen Houston wollte sie eine gute Raumfahrerin werden. Der Tod machte ihre Pläne zunichte. Aber die Eltern gingen auf ihren großen Wunsch ein: Ihre Asche wurde zum großen Teil auf See bestattet, ein Teil aber wurde mit einer Rakete ins Weltall geschossen. Hundert Jahre wird nun die Urne die Erde umkreisen. Ihr Bruder sieht gelegentlich durch das Fernrohr, das seiner Schwester gehörte. Dabei entdeckt er oft auch Satelliten. Er weiß zwar: Ich werde nicht den Behälter mit der Aufschrift „Carola" sehen, aber ich kann mir doch vorstellen, dass sie dort ist. Die Eltern haben einen Gedenkstein in ihrem Garten aufgestellt. Auch sie sind ihrer Tochter noch nahe.
Gott ist nicht da, wo die Raketen hinfliegen. Und wenn wir von „Auferstehung" sprechen, von der Welt Gottes, in die wir nach dem Tod gelangen, dann können wir uns dabei nicht den Luftraum über uns vorstellen. Gott ist zwar auch in dem „Himmel", den wir sehen. Aber er ist nicht ausschließlich dort, weil er überall ist. Wir wissen, dass das in unser heutiges Weltbild nicht hineinpasst. Aber wir können es kaum anders ausdrücken.
Eine junge Frau kam mit der Gletscherbahn zum Kitzsteinhorn bei Kaprun nicht mehr mit. Sie rief ihrer Freundin in der Bahn noch zu: „Wir treffen uns oben!" Doch die Freundin verbrannte mit den anderen im Tunnel. Jenes letzte Wort hat sich in anderer Weise erfüllt: Sie werden sich „oben" treffen, nicht bei der Bergstation der Bergbahn, sondern in der Welt Gottes.
Nur ist die nicht „oben" im räumlichen Sinn. Wo er ist, können wir uns nicht vorstellen. Vielleicht ist er in einer vierten Dimension, die wir nicht wahrnehmen können, die aber da ist. Erfahrbar sind für uns nur die drei Dimensionen unserer Welt: Länge, Breite, Höhe. Alles was darüber hinaus geht, müssen wir in diese Welt einbauen. Deshalb sprechen wir von „oben", wenn wir die Welt Gottes beschreiben wollen.
Im Johannesevangelium spricht Jesus verschiedentlich von seiner „Erhöhung". Gemeint ist damit zunächst einmal, dass er ans Kreuz geheftet und dieses dann aufgerichtet wird. Aber damit geschieht eine andere Erhöhung, die viel bedeutender ist. Gott zieht ihn damit an seine Seite und stellt ihn neben sich. Jesus hat damit die gleiche Würde und die gleiche Macht wie der Vater. Jetzt hat er den rechten Überblick über alles und kann mit regieren.
So heißt es in Johannes 8: „Wenn ihr des Menschen Sohn erhöhen werdet, dann werdet ihr erkennen, dass ich es bin und nichts von mir selber tue, sondern wie mich der Vater gelehrt hat, so rede ich!" (Vers 28). Äußerlich sieht es so aus, als handelten die Menschen, wenn sie Jesus ans Kreuz bringen. Er aber sagt, dass alles nur in Übereinstimmung mit dem Vater geschieht und dass er nur das gesagt hat, was der Vater ihn gelehrt hat. Und in Johannes 12 heißt es: „Wenn ich erhöht werde von der Erde, so will ich alle zu mir ziehen!" (Vers 32). Nicht nur Jesus wurde erhöht, sondern er verspricht, auch alle mit sich zu ziehen, die zu ihm gehören.
Das ist die Botschaft von Ostern: Nicht nur Jesus wurde auferweckt, sondern auch alle Christen werden mit ihm auferweckt. In welchen Raum sie dann kommen werden, ist nur eine neugierige Frage, aber nicht das eigentliche Problem. Darüber sollten sich nicht die Menschen den Kopf zerbrechen, sondern das getrost Gott überlassen. Vielleicht muss es uns genügen, wenn wir dann sagen: Wir sind „bei Gott", in der „Welt Gottes", im „Reich Gottes", wie die Bibel immer wieder sagt.

Konfirmation Konfirmation

Früher bestand die Konfirmation aus einer Fülle von Akten: Sie war der erste Gang zum Abendmahl, sie war Tauf- und Glaubensbekenntnis, aber im Bewusstsein der Menschen war sie vor allem Schulentlassung und Feier des Übergangs von der Kindheit zur Jugend. Heute ist das mehr entzerrt, vor allem dürfen die Konfirmanden schon während ihrer Konfirmandenzeit zum Abendmahl gehen. Abendmahl ist nicht - wie die Taufe - ein einmaliger Akt fürs ganze Leben. Es wird öfter angeboten und will immer wieder neu eine Stärkung für die nächste Zeit sein. Dazu muss es aber eingeübt werden. Es kann nicht wie ein Trockenschwimmkurs sein, an dessen Ende man ins Wasser geworfen wird und es dann können soll.

Gewiss sind die die Vorkonfirmanden noch etwas unsicher, wenn sie die ersten Male zum Abendmahl gehen. Durch ein etwas unterdrücktes Lachen und manche Bemerkung versuchen sie diese Unsicherheit zu überspielen. Aber mit der Zeit gewöhnen sie sich daran. Im Konfirmandenunterricht kann noch einmal über alles gesprochen werden. Der Gang zum Abendmahl wird von mal zu mal selbstverständlicher. Nur was man kennt, kann einem vertraut und lieb werden.

Selbstverständlich gehört auch zum Konfirmationsgottesdienst das Abendmahl. Und auch die anderen Dinge wie Bekenntnis und Beginn eines neuen Lebensabschnittes spielen eine Rolle. Aber Hauptsache ist die Einsegnung. Da wird dem Konfirmanden und der Konfirmandin der Segen Gottes zugesprochen. Er wird den jungen Menschen begleiten, ihm „Schutz und Schirm vor allem Argen, Stärke und Hilfe zu allem Guten" geben, wie es in der Einsegnungsformel heißt. Jeder Konfirmand und jede Konfirmandin erhält auch einen Bibelspruch mit auf den Weg. Die Bibel ist so dick, dass kein Mensch behalten kann, was alles in ihr steht. Aber das eine oder andere Wort aus ihr könnte man sich doch merken.

Im zweiten Timotheusbrief steht: „Du aber bleibe bei dem, was du gelernt hast und was dir anvertraut ist; du weißt ja, von wem du gelernt hast und dass du von Kind auf die Heilige Schrift kennst, die dich unterweisen kann zur Seligkeit durch den Glauben an Christus Jesus!" (Kapitel 3, Vers 14bis 15).

Den Konfirmanden ist mit der Bibel ein großer Schatz anvertraut. Verschiedene Menschen haben sich um sie bemüht und haben versucht, ihnen den Glauben lieb und wert zu machen. Den Glauben kann man nicht erzwingen, er muss von Gott geschenkt werden. Aber der junge Mensch kann sich öffnen für das, was Erwachsenen ihnen vermitteln wollen. So können auch Heranwachsende und Erwachsene sich öffnen für das, was Gott ihnen sagen will.

Das Entscheidende dabei ist der Glaube. Aber aus ihm folgt dann, was in den nächsten Versen steht: „Denn alle Schrift, von Gott eingegeben, ist nütze zur Lehre, zur Zurechtweisung, zur Besserung, zur Erziehung in der Gerechtigkeit, dass der Mensch Gottes vollkommen sei, zu allem guten Werk geschickt!" (2. Timotheus 3, 16 bis 17).

Glaube ist nicht das Auswendiglernen der Zehn Gebote mit Erklärungen. Aber die Gebote gehören mit dazu. Wer an Gott glaubt, wird das tun, was sich im Umfeld Gottes gehört. Es werden ja auch andere kommen und Einfluss nehmen wollen. Das Wort „Erziehung" erinnert an „ziehen". Viele wollen den Menschen zu sich ziehen. Und dann zerren sie an ihm, um ihn auf die eigene Seite zu bringen. Wer sich aber von Gott erziehen lässt, braucht auf niemand anderes mehr zu hören. Er weiß, von wem er gelernt hat und was er gelernt hat. Christen wissen, auf welche Seite sie gehören und brauchen nicht mehr an sich zerren zu lassen.

Die Herrlichkeit der Gebote Konfirmation

In diesen Wochen wird in den evangelischen Gemeinden die Konfirmation gefeiert und danach werden die neuen Konfirmanden eingeführt. Dabei machen die jungen Leute einen sehr braven Eindruck. Manche Eltern erwarten sogar, dass ihnen in der Kirche Sitte und Anstand vermittelt und Achtung vor dem Alter und den Werten der Gesellschaft. Sie sagen: „Geh da nur hin, da lernst du nichts Schlechtes!“ Aber so ein wenig fragt man sich am Tag der Konfirmation doch: „Was wird aus diesen jungen Leuten werden? Werden sie immer so brav und anständig bleiben oder werden sie vielleicht in schlechte Gesellschaft kommen?“ Schon bei Kindern geht es mit der Kriminalität los.

Mir fällt da eine besondere Konfirmandenstunde ein, die ein Polizist an meiner Stelle gehalten hat. Er sagte mir vorher: „Wundern Sie sich nicht, wenn heute die Konfirmanden aus dem Außenort nicht kommen. Ich will die einmal abfangen. Denn ich vermute stark, dass sie Ladendiebstähle begehen. Denn diese werden immer festgestellt an dem Tag und in der Zeit, wenn Konfirmandenstunde ist!“ Der Polizist hatte recht vermutet: Die vier Verdächtigen mussten in seinem Dienstzimmer alle ihre Diebstahl-Sünden aufschreiben. Diese Konfirmandenstunde werden sie hoffentlich nie vergessen. Der Polizist sagte zu recht: „Man muss diesen Dingen sofort einen Riegel vorschieben. Bei den Kindern hat das noch Sinn, die sind noch nicht so verdorben!“

Das gilt auch bei den anderen jugendliche Untaten: Da zerkratzen sie Autos, schlagen Scheiben ein, sprühen Wände voll, werfen Grabsteine um. Sie wollen auch einmal Macht ausüben, wollen etwas tun, was die ordentliche Gesellschaft nicht billigt. Es mag damit zusammenhängen, dass sie zu einer anderen Generation gehören, die sich kaum etwas erarbeitet hat und nie Not gekannt hat. Wer sich selber alles erringen musste, der achtet auch eher das, was andere geschaffen haben. Man kann es den jungen Leuten nicht vorwerfen, wenn sie in eine gute Zeit hinein geboren wurden. Doch man könnte ihnen vielleicht doch vermitteln, dass dies ein Grund zur Dankbarkeit ist.

Vor einiger Zeit hat man einmal folgendes Experiment gemacht: An Passanten auf der Straße wurde ein Gutschein für eine Musik-CD verschenkt. Doch die Kompaktdisk durften sie nicht für sich behalten, sondern sie sollten sie entweder an eine andere Person weiter verschenken oder aber mit einem Hammer zerschlagen. Doch die meisten Beschenkten haben lieber die CD zerstört, um sie nur nicht einem anderen geben zu müssen.

Junge Leute hören ermahnende Worte nicht so gern (alte übrigens auch nicht). Aber irgendwie muss es auch Regeln geben für das Zusammenleben der Menschen. Die Zehn Gebote Gottes sind dafür nicht veraltet. Im 119. Psalm - dem längsten Psalm der Bibel - wird geradezu das Lob der Gebote gesungen. Diese alten Worte sind heute nicht überholt:

„Ich danke dir mit aufrichtigem Herzen, dass du mich lehrst die Ordnung deiner Gerechtigkeit. Deine Gebote will ich halten; verlass mich nimmer mehr. Wie wird ein junger Mann seinen Weg unsträflich gehen? Wenn er sich hält an deine Worte. Ich suche dich von ganzem Herzen; lass mich nicht abirren von deinen Geboten!“ (Vers 7 bis 10).

Das Halten der Gebote ist leichter, wenn man weggeben kann. Ein Christ verschenkt und gibt dem anderen gern. Er freut sich über Freude der anderen. Das ist ein Wert, den wir selber verinnerlichen sollten, den wir aber auch den jungen Leuten vermitteln könnten.

Schlüsselblumen und der Schlüssel zum Himmel Himmelfahrt

Es gibt sie noch, aber sie sind selten geworden: die Schlüsselblumen, die auch „Himmelsschlüssel" genannt werden. Sie gehören zu den ersten Blütenpflanzen, die das große Erwachen in der Natur ankünden und uns auf schöne Tage hoffen lassen. Der Name ist auf die schlüsselbundähnliche Gestalt des Blütenstandes zurückzuführen. Der Saft soll gegen Schlaganfall, Gicht, Sommersprossen und Atemwegserkrankungen der helfen, der Tee aus den Blüten gilt als Beruhigungsmittel.
Die Blume regt dazu an, über das Bild vom „Himmelsschlüssel" nachzudenken. Der Apostel Petrus wird ja als Himmelspförtner mit einem großen Schlüssel dargestellt. Manche machen Witze über Petrus. Aber vielleicht werden sie noch einmal erbleichen, wenn sie wirklich Petrus gegenüberstehen.
Natürlich ist die Vorstellung vom Himmelspförtner auch nur ein Bild. Es will sagen: Der Zugang zu Gott ist nicht ohne weiteres möglich, sondern es ist eine Prüfung und Auswahl notwendig. Aber nicht Petrus wird sie vornehmen, sondern Gott selber. Doch dieser Gedanke braucht uns nicht zu schrecken: Gott ist nicht der allmächtige und willkürliche Richter, sondern der Gnädige und Barmherzige. Um die Prüfung bestehen zu können, muss man sein Leben entsprechend führen. Dann hat man auch den Schlüssel zum Himmel.
In einem Fernsehstück heißt es dazu: „Die Bereitschaft zur Vergebung ist der Schlüssel zum Himmel!" In dem Stück geht es um eine Pfarrerin, die sich Vorwürfe macht, weil sie einen Radfahrer angefahren hat. Sie ist nicht schuld an seinem Tod, aber sie macht sich dennoch deswegen fertig. Doch dann wird ihr in einem Traum vorgeführt, weshalb das alles so kommen musste: Der Mann hat ihr früher einmal schweres Leid zugefügt und immer darunter gelitten. Eine unvergebene Schuld hat sein Leben schwer belastet. In seiner letzten Stunde jedoch trifft er den Menschen, dem er alles bekennen kann und der ihm vergeben kann, so dass ihm noch der Himmel aufgeschlossen werden konnte.
Von dem Zusammenhang zwischen der eigenen Bereitschaft zur Vergebung und der Vergebung Gottes spricht auch Jesus in der Bergpredigt: „Seid barmherzig, wie auch euer Vater barmherzig ist. Und richtet nicht, so werdet ihr auch nicht gerichtet. Verdammt nicht, so werdet ihr auch nicht verdammt. Vergebt, so wird euch vergeben!" (Lukas 6, Vers 36 bis 37).
Ehe man aber Vergebung erlangen kann, muss man erst einmal seine Schuld erkennen und um Vergebung bitten. Deshalb ist es auch nicht möglich, einfach die Stasi-Akten zu schließen und Gras darüber wachsen zu lassen. Da geben Menschen „Ehrenerklärungen" ab und beantragen selber ihre Überprüfung, obwohl sie genau wissen, dass sie Täter sind. Sie spekulieren darauf, dass gerade ihre Akte vernichtet ist.
Aber in Wirklichkeit tragen sie eine Schuld mit sich herum, die ihr Leben vergiftet und die sie innerlich fertig macht. Dabei wären die Opfer ja durchaus bereit zur Vergebung. Aber dazu muss die Schuld erst einmal ausgesprochen werden. Wer sie aber immer tiefer verdrängen will, wird nachher einen um so größeren Ausbruch erleben. Man kann eine Zeit lang den Deckel drauf halten; aber der Ausbruch wird nachher um so schlimmer sein. Deshalb gilt es, den Druck rechtzeitig abzulassen. Auch das beste Leben schließt uns den Himmel nicht auf. Wir brauchen ja auch gar keinen Schlüssel, um von außen aufzuschließen. Wenn wir kommen, hat Gott schon von innen aufgeschlossen und die Tür weit geöffnet. Er vergibt uns und lädt uns ein in sein Reich.

Josef - ein Mann in der Weihnachtsgeschichte Maifeiertag

Im neuen Testament und in den Predigten zu Weihnachten kommt Josef immer etwas knapp weg. Beim Krippenspiel ist es schwer, einen Jungen zu finden, der den Josef spielt. Auf Bildern steht Josef immer so etwas hilflos dabei, wie es die Väter im allgemeinen tun, wenn ein Kind geboren ist. In den Evangelien verschwindet er nachher sogar ganz aus dem Blick, so dass man geschlossen hat, er sei schon gestorben und er sei wesentlich älter gewesen als Maria.

Dazu passt, was in der Vorgeschichte zur Geburt Jesu über ihn gesagt wird. Da wird er als besonnener und verständnisvoller Mann geschildert. Er erkennt sofort die peinliche Lage Marias: Zwar ist sie mit ihm verlobt, aber ein Kind darf sie nach damaliger Auffassung noch nicht kriegen. Und wenn sie doch eins bekommt, dann muss es von einem anderen Mann sein. Deshalb hätte Josef das Recht gehabt, die Verlobung wieder zu lösen und Maria zu verstoßen.

Josef will im ersten Augenblick so handeln, wie die Männer in solchen Fällen handeln: Er will Maria heimlich verlassen. Aber es kommen ihm doch Zweifel, ob das menschlich ist. Er liebt Maria so sehr, dass er nicht das tun kann, was die allgemeine Sitte vorschreibt. Im Traum erlangt er letzte Gewissheit: Er braucht sich nicht davor zu fürchten, Maria zu heiraten, denn Gott hat etwas Besonderes mit ihr vor.

Im Matthäusevangelium heißt es: „Als Maria dem Josef vertraut war, fand es sich, ehe er sie heim holte, dass sie schwanger war von dem heiligen Geist. Josef aber, ihr Mann, war fromm und wollte sie nicht in Schande bringen, gedachte aber, sie heimlich zu verlassen. Als er das noch bedachte, siehe, da erschien ihm der Engel des Herrn im Traum und sprach: Josef, du Sohn Davids, fürchte dich nicht, Maria deine Frau, zu dir zu nehmen; denn was sie empfangen hat, das ist von dem heiligen Geist!“ (Kapitel 1, Vers 18 bis 24).

Josef handelt entsprechend und nimmt Maria mit in sein Haus. Er handelt nicht nach dem Buchstaben des Gesetzes, sondern die Liebe siegt über das Gesetz. Dabei nimmt er eine Schuld auf sich, obwohl er nach der Meinung der Weihnachtsgeschichte doch gar nichts für die Schwangerschaft kann. Er bekennt sich als der leibliche Vater, der er in Wirklichkeit ja auch ist. Insofern ist Josef ein echter Mann: nicht hart und unnachgiebig, wie es so oft als männlich angesehen wird. Zum Mannsein gehört nicht nur die Stärke, sondern auch die Liebe und das Verständnis. Deswegen ist Josef aber nicht weltfremd und träumerisch. Er tut das Richtige, als das Kind durch den König Herodes gefährdet wird, und flieht mit der Mutter ins Asyl nach Ägypten. Und als die Gefahr vorüber ist, organisiert er als treusorgender Familienvater die Rückkehr in die Heimat (Matthäus 2, Vers 13-14 und 19-23). Dort geht er wieder ganz normal einem ordentlichen Beruf nach, ist Bauhandwerker und Zimmermann.

So ist Josef in vieler Hinsicht das Vorbild eines echten Mannes. Die katholische Kirche begeht deshalb den 1. Mai, den „Tag der Arbeit“, als den Josefstag. Die Gleichung ist einfach: „Josef war ein Arbeiter - Christen sind Arbeiter - die Kirche ist für die Arbeiter da“. Aber Josef kann uns auch lehren: Arbeit und Geld sind nicht das Einzige im Leben. Sie sind schon wichtige Voraussetzungen zum Leben. Aber wirklich gelingen kann das Leben nur, wenn auch die Liebe dabei ist. Es dürfen nicht nur das Gesetz und die Macht herrschen, sondern auch der Schwache muss sein Recht erhalten. Eine Gesellschaft ist so tolerant, wie sie ihre Minderheiten und ihre Schwachen zum Zug kommen lässt. Das ist doch ein Anlass, wieder etwas mehr Menschlichkeit und etwas mehr von der Liebe Gottes in die Welt zu bringen, so wie das Josef getan hat.

Die Uhr und die Zeit Zeit

Eine Afrikanerin kam zu einer Konferenz nach Deutschland. Sie wurde nach ihrem ersten Eindruck von Deutschland gefragt. Die antwortete spontan: „Bei euch ist alles so pünktlich. Wenn der Gottesdienst um 10 Uhr angesetzt ist, dann beginnt er auch pünktlich um 10 Uhr. Wir aber können auch noch um 11 oder 12 Uhr kommen, weil dann immer noch Gottesdienst ist und immer ein anderer redet!" Und abschließend fasst sie ihr Urteil zusammen: „Ihr habt die Uhr - und wir haben die Zeit!"

Wir müssen immer erst einen Termin vereinbaren, wenn wir uns mit Freunden treffen wollen. Aber dann kommt prompt die Antwort: „Frühestens in vier Wochen. Vorher sind alle Termine besetzt!" Noch schlimmer ist es, wenn man mehrere Leute unter einen Hut bringen muss. Bis man da einen Zeitpunkt gefunden hat, der allen passt, ist das Jahr herum und man hat keinen guten Termin für die Hochzeit gefunden. Es hat schon Paare gegeben, die sind wieder auseinander gegangen, ehe sie einen Termin fanden.

Das Jahr stellt 51 Wochen zur Verfügung. Diese Zeit ist schnell verplant. Darum müssen wir behutsam mit ihr umgehen. Eine gute Einteilung hilft uns, nicht ständig unter Zeitdruck zu stehen. Keine Zeit hat nur, wer seine Zeit nicht klug einteilt. Wer mit der Zeit haushält, der hat auch Zeit für sich und seine Hobbys und Zeit für die Familie und für Freunde. Wie wohltuend ist es doch, wenn einer sagt: „Ich habe Zeit für dich!"

Im anderen Fall dürften wir ehrlicherweise aber nicht sagen: „Ich habe keine Zeit!" Eigentlich müsste es heißen: „Ich habe keine Zeit für <u>dich</u>!" Denn wir haben ja alle Zeit zur Verfügung. Für jeden sind es 24 Stunden am Tag und sieben Tage in der Woche. Nur meinen wir halt, wir müssten sie für alles mögliche nützen, nur nicht für das, was wirklich notwendig ist.

Vielleicht hilft uns aber zur Entscheidung, wie wir unsere Zeit einteilen wollen, das Bibelwort aus den Psalmen: „Meine Zeit steht in deinen Händen!" (Psalm 31, Vers 16). All unsere Zeit ist uns von Gott gegeben. Es ist geschenkte, uns anvertraute Zeit. Und darum ist es nicht gleichgültig, was wir damit anfangen. Sie erhält ihren Wert dadurch, dass wir sie sinnvoll einsetzen.

Die Zeit wird wertvoller, wenn wir sie verschenken und mit anderen teilen. Sie erhält ihren Sinn erst, wenn wir sie als Mosaiksteinchen der Ewigkeit ansehen. Zeit und Ewigkeit verhalten sich wie Fluss und Meer: Unsere Zeit mündet ein in die Ewigkeit Gottes. Das gibt ihr eine bleibende Bedeutung. Erst dieses Wissen lässt uns verantwortlich genug mit „unserer" Zeit umgehen.

Die Urlaubszeit ist eine Gelegenheit, mit der Zeit einmal ganz anders umzugehen als üblich: Kein Wecker mehr in der Frühe, Zeit zum Lesen und zum Wandern, Zeit für neue Eindrücke und das Kennenlernen fremder Gegenden.

Zeit aber auch, sich dem Mitmenschen wieder mehr zuzuwenden: Dem Ehepartner, den Kindern, den Freunden aber auch Gott. In jedem Urlaubsort gibt es eine Kirche, gibt es einen Pfarrer, auch in Mallorca. Viel freie Zeit, an jedem Tag. Denken wir daran: Es ist Gottes Zeit, die er uns schenkt. Aber wenn er sie uns schenkt, dann dürfen wir auch frei mit ihr umgehen, verantwortungsvoll, aber doch so, dass wir uns dabei wohl fühlen.

Sommer - Sonne - Urlaubszeit Sonne

Seit dem Mittelalter zieht es die Menschen über die Alpen. Vor zweitausend Jahren wurden römische Soldaten ins kalte und dunkle Germanien kommandiert. Heute haben wir die Sehnsucht nach dem sonnigen Süden. Als der Volkswagen aufkam, ging es an den Lido oder nach Rimini. Aber das langt heute schon nicht mehr. Seit es Flugzeuge gibt, gehen manche einfach zum Flughafen und sagen: „Egal wohin, Hauptsache in die Sonne!"

Die Sonne hat verschiedene Aufgaben. Erst einmal macht sie es erst so richtig hell, heller als an einem trüben Wintertag. Dann spendet sie uns und allen Lebewesen Wärme, ohne die kein Leben möglich wäre. Sie regt die Herstellung von Vitaminen im Körper an. Und heute wird die Sonnenkraft vielfach ausgenutzt, um Energie zu gewinnen. Die Sonne ist Leben, ohne sie könnten wir nicht existieren. Wir müssen sie sogar tanken, damit wir in der dunklen Jahreszeit nicht noch schwermütig werden.

Im Psalm steht aber auch: „Gott der Herr ist Sonne und Schild!" (Psalm 84, Vers 12). Der Beter will sagen: So wie die Sonne unentbehrlich ist für die ganze Schöpfung, so ist Gott es auch. So wie die Sonne Leben schafft und aufblühen lässt, so tut es auch Gott. Manche Völker haben die Sonne als Gott angebetet. Israels Gott aber ist der Schöpfer des Himmels und der Erde und auch der Sonne. Die Sonne selbst ist daher kein göttliches Wesen, sondern Gottes Geschöpf. Aber sie ist ein Bild für die Herrlichkeit Gottes. Sie will uns zeigen, dass uns Gott in seiner Güte freundlich zugewandt ist.

Denkt man an die Kälte und Leere des unermesslichen Weltalls, ist das ein tröstliches Bild. Gott lässt uns nicht nur im Licht und in der Wärme der irdischen Sonne leben, er lädt uns auch ein in die Sonne seiner Güte. Wir können uns der Sonne verschließen, indem wir einen dunklen Keller aufsuchen. Dann können wir sogar behaupten, es gäbe gar keine Sonne. So können wir uns auch den Strahlen der Liebe Gottes entziehen und das Dasein Gottes leugnen. Aber dann sind wir dumme Leute, die das nicht annehmen, was ihnen angeboten ist.

Christian Morgenstern hat diese Wahrheit so ausgedrückt: „Wer Gott aufgibt, der löscht die Sonne aus, um mit einer Laterne weiter zuwandern." Und an einer anderen Stelle sagt er: „Der Mensch ist das Samenkorn. Christus ist die Sonne, die es lebendig macht!" Wir Menschen sind sonnenhungrige Wesen. Möchten die Menschen doch auch mehr Sehnsucht nach Gott bekommen, nach der ewigen Sonne.

Irischer Reisesegen

Möge die Straße uns zusammenführen und der Wind in deinem Rücken sein,
sanft falle Regen auf Deine Felder und warm auf Dein Gesicht der Sonnenschein.
Und bis wir uns wieder sehen, halte Gott Dich fest in seiner Hand.......
Hab unterm Kopf ein weiches Kissen, habe Kleidung und das täglich Brot.
Sei über vierzig Jahre im Himmel, bevor der Teufel merkt: Du bist schon tot.
Und bis wir uns wieder sehen, halte Gott Dich fest in seiner Hand.......
Bis wir uns mal wieder sehen, hoffe ich dass Gott Dich nicht verlässt.
Er halte Dich in seinen Händen doch drücke seine Faust Dich nicht zu fest.
Und bis wir uns wieder sehen, halte Gott Dich fest in seiner Hand.......

Liebe geht durch den Magen 7. Sonntag nach Trinitatis

Bei den Straßenfesten im Sommer kann man die besten Geschäfte mit Essen und Trinken machen. Ohne Bewirtung geht keine Veranstaltung mehr, die Zuspruch finden soll. Da gibt der Kirchenchor ein Konzert. Aber hinterher will man noch etwas zusammensitzen, da soll es nicht nur etwas gegen den Durst geben. Die Parteien machen es so, und zum Teil sogar die Geschäftsleute: Kein Fest ohne Essen und Trinken!

Das ist auch ganz gut so: Kaum etwas verbindet so sehr wie die gemeinsame Mahlzeit. Man sitzt sich gegenüber, man kommt ins Gespräch, man fühlt sich körperlich und seelisch wohl. Das gilt für Menschen, die sich schon gut kennen, und für die, die sich erst kennenlernen wollen. Natürlich macht die Vorbereitung eines Essens Mühe. Aber auch dafür finden sich meist willige Leute, die sich begeistert in diese Aufgabe stürzen. Viel Phantasie wird da oft entwickelt. Es wird etwas Neues ausprobiert. Oder ein altbekanntes Rezept wird nach den persönlichen Vorstellungen erweitert. Die Vorbereitung macht Freude, und das Ergebnis soll auch Freude machen.

Dabei muss gar nicht das geboten werden, was man sonst im Fünf-Sterne-Hotel bekommt. Es kommt weniger auf die Speise an sich an als auf die Mahlzeit, auf das gemeinsame Essen und Trinken: Ein paar Würstchen im Garten gegrillt, etwas Salat und Obst, ein paar Nachbarn oder Freunde dazu - das Fest ist fertig. Der Volksmund sagt: „Liebe geht durch den Magen!" Hinter diesem Spruch steckt viel Weisheit.

In der Bibel gibt es einen ganz ähnlichen Spruch. Er steht in dem Buch der „Sprüche", das dem König Salomo zugeschrieben wird. Dort heißt es: „Besser ein Gericht Kraut mit Liebe als ein gemästeter Ochse mit Hass!" (Kapitel 15, Vers 17). Es leuchtet doch sofort ein: Ein einfaches Gericht, mit Liebe zubereitet und verzehrt, schmeckt besser als ein aufwendiges Mahl, das ohne innere Beteiligung gekocht wurde und vielleicht im Streit aufgegessen wird.

Deshalb sind wohl auch die Gaststätten so beliebt, in denen eine Familie sich um das Wohl der Gäste kümmert. Da erkundigt sich der Kellner, ob es geschmeckt hat; und er gibt den Dank an den Koch oder die Köchin weiter. Da wird nicht nur etwas mit dem Auto an einem Schalter abgeholt, sondern da lässt man sich Zeit und genießt.

Auch Jesus hat sich an festlichen Mahlzeiten beteiligt. Er hat mit seinen Freunden zusammen gesessen, aber auch mit ganz Fremden. Er war bei armen Leuten zu Gast und bei ganz reichen. Er hat sich von angesehenen Leuten einladen lassen, aber er hat auch die Außenseiter um sich gesammelt. Aber ob sie nun aufwendig oder schlicht gegessen haben - ich stelle mir vor, dass es immer gesammelt und in großer Ruhe vor sich ging. Besonders dürfte das der Fall gewesen sein, als er zum letzten Abendmahl mit seinen Jüngern zusammen saß. Es war ein Abschiedsmahl, das vom Ernst der Stunde geprägt war. Aber es war auch wieder von einer stillen Freude erfüllt, weil man schon ausblickte auf das Reich Gottes, in dem man dieses Mahl wieder neu feiern würde.

In vielen Kirchen wird am siebten Sonntag nach Trinitatis das Abendmahl gefeiert. Dadurch entsteht eine Gemeinschaft oder wird eine Gemeinschaft bestätigt, die noch mehr ist als die Gemeinschaft in den Gaststätten und auf den Volksfesten. Hier werden alle verbunden zu der einen Kirche, die in Jesus ihren Mittelpunkt hat. Das Abendmahl kann man nicht allein feiern. Es verdeutlicht die Liebe Gottes zu den Menschen. Aber es verbindet auch die Teilnehmer untereinander. Gemeinsames Essen und Trinken ist etwas, das mehr verbindet als alle Worte. Vielleicht hilft in der „Kirche des Worts" gar nicht so sehr das Reden, sondern das Tun nach dem Vorbild Jesu.

Ehrenplätze in der Kirche Kirchweih

In manchen alten Kirchen findet man die sogenannten „Fürstenlogen". Hier hatten die Adligen der betreffenden Gegend ihren besonderen Platz, abgetrennt von den gewöhnlichen Leuten. Hinter den abschirmenden Gittern konnte man auch durchaus etwas anderes machen als andächtig der Predigt zu lauschen. Dort stand oft ein Ofen, damit man im Winter nicht frieren musste. Und essen und trinken konnte man wahrscheinlich auch.

Pikanterweise gab es für den Kirchenvorstand und für die Pfarrfamilie eine eigene abgeteilte Bank, hinter deren Gitter man unauffällig sein konnte. Die Gemeinde konnte nicht einmal ausmachen, wer da war und wer an diesem Sonntag fehlte. Bei der Renovierung der Kirche wurden diese besonderen „Kirchenstühle" in der Regel entfernt. Es gibt keine besonderen Plätze mehr in der Kirche. Nur die Konfirmanden werden angehalten, in den vorderen Bänken zu sitzen.

Wenn allerdings hoher Besuch kommt, müssen die Konfirmanden weichen. Wenn zum Beispiel ein hoher Politiker von außerhalb kommt, dann wird er mit dem Gefolge zu einem Ehrenplatz in der vorderen Reihe geleitet. Wenn vielleicht noch das Fernsehen da ist, richten sich die Kameras auf den berühmten Gast. Vielleicht steht man sogar auf, wenn so eine bedeutende Persönlichkeit die Kirche betritt. Warum kann sie sich nicht genauso unauffällig und bescheiden in eine Bank setzen wie andere auch? In der Kirche gilt doh nicht die gesellschaftliche Stellung oder die wirtschaftliche Macht, dort sind alle gleichberechtigte Angehörige des Volkes Gottes.

So ist zumindest die Theorie. Dennoch kann man immer wieder bei Trauerfeiern feststellen, dass bei in der Öffentlichkeit stehenden Leuten mehr Drumherum gemacht wird als bei Unbekannten. Dabei wäre es angemessen, wenn man etwas ausführlicher würdigte, wenn einer sich tüchtig am kirchlichen Leben beteiligt hat.

So ermahnt auch das dritte Buch Mose: „Du sollst den Geringen nicht vorziehen, aber auch den Großen nicht begünstigen!" (Kapitel 19, Vers 15). Das Erste wird wohl selten vorkommen, obwohl man auch damit kokettieren kann, wie sehr man sich doch um die Geringeren kümmert. Aber näher liegt uns allen, uns um die Großen zu bemühen, um ihre Aufmerksamkeit und vielleicht auch um ihre Zuneigung.

Was einer wirtschaftlich oder gesellschaftlich darstellt, sagt noch nichts über seine menschlichen Qualitäten. Äußerlichkeiten können das Wesen eines Menschen nicht verbergen wie eine Maske das Gesicht. Christen sind allerdings keine unhöflichen Leute, denen gesellschaftliche Regeln gleichgültig wären. Sie werden auch den Großen dieser Welt mit Ehrerbietung begegnen. Aber hier liegt in der Regel nicht das Problem.

Viel wichtiger ist es, auch denen freundlich zu begegnen, die kein besonderes Ansehen genießen und deren gesellschaftliche Stellung bedeutungslos ist. Bei Gott kommt es auf das Herz des Menschen an. Deshalb brauchen sich Christen bei den Begegnungen mit Menschen nicht von Äußerlichkeiten leiten zu lassen. Vor Gott sind alle gleich.

In der Kirche ist jeder gleich willkommen, ob er nun gering oder groß ist. Oder anders gesagt: Weil es in der Kirche keine Ehrenplätze gibt, hat jeder einen Ehrenplatz. In der Kirche wird jeder vorgezogen, weil Gott alle gleich lieb hat. Dieses Wissen stellt doch eine starke Einladung dar, Gottes Angebot auch anzunehmen. Deshalb gilt uns allen der Ruf: „Bitte die Plätze einnehmen - bitte die Ehrenplätze einnehmen!"

Baustelle Kirche

Kirchweih

Wenn irgendwo ein neues Haus gebaut wird, werfen die Vorübergehenden einen interessierten Blick auf die Baustelle. Bei Wind und Wetter, bei Sonne und Hitze stehen die Männer da, legen das Fundament und ziehen die Wände hoch. Jeden Tag kann man einen Fortschritt feststellen. Es geht alles streng nach Plan: Ein Fachmann hat ihn entworfen, die Arbeiter führen ihn aus.
Auch die Kirche ist so ein Bau, an dem seit nunmehr fast 2000 Jahren gewerkelt wird. Doch die Betrachter hinter dem Bauzaun werden sich vielleicht wundem: Da stehen verschiedene Teilbauten nebeneinander. Jeder ist ganz individuell gestaltet. Einen gemeinsamen Plan kann man nur ahnen. Doch die Unterschiede fallen viel stärker ins Auge. Vor allem aber schütteln die Vorübergehenden den Kopf, weil sich die Bauleute offenbar nicht einig sind: Während auf der einen Seite aufgebaut wird, sind andere an anderer Stelle dabei, wieder einzureißen. Und offenbar wird nicht nur Altes und Überholtes abgerissen, sondern auch durchaus Brauchbares und Bewährtes. Die Außenstehenden fragen sich: Wie soll jemals etwas aus dem Bau werden?
Doch wenn wir es recht bedenken, muss in der Kirche hin und wieder etwas abgerissen werden. Nur so kann sie sich erneuern und auf der Höhe der Zeit bleiben. So muss sie sich zum Beispiel überlegen, ob sie ihre Serviceleistungen für die Gesellschaft weiterhin aufrecht erhalten kann. Natürlich ist es schön, wenn man Krankenhäuser, Beratungsstellen und Modellversuche anbieten kann. Ein Kindergarten ist eine prima Sache. Aber ist er noch eine zentrale kirchliche Angelegenheit, wenn die Hälfte der Erzieherinnen keiner christlichen Kirche angehört und ein Drittel der Kinder islamisch ist? Sollte man diese Aufgabe dann nicht lieber dem Staat überlassen? Es wäre vielleicht auch ehrlicher.
Auch wenn die Kirche schon alt ist, so hat sie sich doch immer den veränderten Verhältnissen angepasst, ohne sich anzubiedern. In manchen Punkten ist sie sogar richtungweisend. So hat man schon vor Jahren das Höchstalter für eine Kandidatur zum Kirchenvorstand auf 70 Jahre festgesetzt. Das ist keine Disqualifizierung der älteren und verdienten Gemeindemitglieder, sondern ein heilsamer Zwang, auch jüngere Leute heranzuziehen.
Neuerdings wurde das Wahlalter auf 16 Jahre herabgesetzt. Hier ist in der Tat die Kirche einmal fortschrittlicher als die Gesellschaft. Deshalb dürfen wir auch Hoffnung haben für die Zukunft der Kirche. Manchmal sieht sie in der Tat wie eine Ruine aus. Aber das kann alles wieder restauriert oder renoviert werden. Das Fundament ist nämlich gut. Da kann man immer wieder darauf aufbauen.
Doch bei der Kirche ist das Fundament nicht ein menschliches Werk. Paulus schreibt zunächst an die Gemeinde in Korinth: „Ich habe den Grund gelegt als ein weiser Baumeister!“ Doch dann korrigiert er sich sofort und sagt: „Einen anderen Grund kann niemand legen als der, der gelegt ist, welcher ist Jesus Christus!“ (1. Korinther 3, Vers 11).
Mancher Kirchenmann vergisst nur allzu leicht, dass nicht e r die Kirche ins Leben gerufen hat und dass er sie auch nicht erhalten kann. Sicher braucht man Menschen und Material, wenn man bauen will. Aber erst einmal muss das Fundament da sein und ein guter Plan. Beides aber hat Gott gemacht. Nur so können wir sicher sein, dass etwas Sinnvolles daraus wird. Wenn dennoch auf eigene Faust gebaut wurde, muss man sich nicht wundern, wenn etwas nicht mit dem anderen zusammen stimmt. Dann muss eben wieder abgerissen werden. Aber mit Gottes Hilfe wird alles zu einem guten Ende kommen.

Deutsche Einheit und Einheit im Glauben Nationalfeiertag

Neben der staatlichen Einheit streben wir auch eine kirchliche Einheit in Deutschland an. An sich haben die Kirchen in Deutschland erstaunlich gut über die früheren Staatsgrenzen hinweg zusammengearbeitet. Aber es ist auch nicht zu leugnen, dass die unterschiedliche Entwicklung und die unterschiedlichen Erfahrungen im Westen und Osten nach länger nachwirken. Eine Kirche, die fast zwei Generationen unter diktatorischen Verhältnissen hat leben müssen, wird ihr Leben anders gestalten als eine Kirche, die sich mit der Demokratie frei entfalten konnte. Im Osten war die Kirche einfach gezwungen, sich auf ihre Kernaufgabe zurückzuziehen. Da bleiben nur Gottesdienst, Unterricht, Amtshandlungen und Seelsorge. Selbst Skilaufen bei einer Konfirmandenrüstzeit wird dann zu „Praktischen Übungen zum ersten Artikel des Glaubensbekenntnisses".

Doch darf man nicht der Meinung sein, im Osten habe es ja kaum noch eine Kirche gegeben und die Konfirmation sei einfach durch die Jugendweihe ersetzt worden. Noch schlimmer ist die Auffassung, der Westen habe den Osten wieder missionieren müssen und habe die Kirche im Osten vor dem völligen Untergang gerettet. Auch im Osten gab es Gemeinden, die all das hatten, was man im Westen an einer Kirchengemeinde rühmt: Jugendarbeit, Jungschar, Frauenhilfe, Altenkreis, Posaunenchor, Kirchenchor, Kirchenkonzerte, Konfirmandenrüstzeiten, Gemeindefeste, Kreiskirchentage, usw. Es gab sogar Gemeinden mit Kindergarten, Schwesternstation und Rüstzeitenheim. Es gab kirchliche Ausbildungsstätten und Evangelische Akademien.

Nur stand das alles viel mehr unter dem Gebot der christlichen Verkündigung: Neben viel Geselligkeit und Unterhaltung war immer auch eine Andacht des Pfarrers oder eines sonstigen kirchlichen Mitarbeiters dabei. Erst dadurch wurde eine Veranstaltung zu einer kirchlichen Lebensäußerung und musste nicht bei der Polizei angemeldet werden.

Insofern brauchen sich die Kirchen im Osten nicht zu verstecken. Im Osten hat es vielfach eine lebendigere Kirche gegeben als im verweltlichten Westen. Dort will die Kirche immer ihre Existenzberechtigung in der Gesellschaft beweisen und immer wieder zum Ausdruck bringen: „So unmodern sind wir ja nun auch wieder nicht!" Im Osten dagegen wusste jeder, worauf er sich einließ, wenn er in der Kirche aktiv wurde: da erwartete er nur Verkündigung der christlichen Botschaft und Hilfe auf dem Lebensweg vom Evangelium her.

Die Gemeinden im Westen und Osten haben die gleiche Aufgabe: In der heutigen Zeit - die so ist, wie sie ist - das Wort Gottes zu verkünden. Dabei kann man voneinander lernen: Keiner darf auf den anderen herab schauen. Was gut ist auf beiden Seiten, sollte weitergegeben werden. Die Kontakte zu den Partnergemeinden können ausgebaut werden. Bei Ausflügen kann man auch im Osten zum Gottesdienst gehen.

Als Christen sind wir besonders geeignet, die Einheit Deutschlands zu fördern. Schließlich sind wir als Christen schon eine Einheit im Glauben, ein Leib und ein Geist, wie es im Epheserbrief heißt: „Ein Herr, ein Glaube, eine Taufe, ein Gott und Vater aller!" (Kapitel 4, Vers 5). Das muss nicht heißen, dass alles einheitlich sein muss. Der Epheserbrief schreibt von den vielen Ämtern, die es in der Gemeinde geben muss, damit der Leib Christi erbaut wird und die Einheit des Glaubens sich voll entwickeln kann. Und er fordert auf: „Lasst uns wahrhaftig sein in der Liebe und wachsen in allen Stücken zu dem hin, der das Haupt ist, Christus!" (Vers 15).

Reformatorisch Lied - neues Lied Neues Gesangbuch

Im Jahre 1994 wurde zum Reformationsfest das neue Evangelische Gesangbuch eingeführt. Fünfzehn Jahre hat man daran gearbeitet. Gut Ding will eben Weile haben. Sehr viele widerstreitende Meinungen mussten unter einen Hut gebracht werden. Aber es ist dann doch etwas Ansehnliches dabei herausgekommen. Eine Kirche, die aus der Reform der alten Kirche herausgewachsen ist, sollte zu immer neuer Reform bereit sein. Deshalb muss auch von Zeit zu Zeit das Gesangbuch erneuert werden.

Jede Zeit hat andere Ansichten und Vorlieben. Da darf man nicht auf den einmal erreichten Zustand stehen bleiben, sondern muss sich immer wieder anpassen. Die reformatorische Kraft einer Kirche wird sich auch daran zeigen, dass sie dazu in der Lage ist. Heute wird fast nur noch in der Kirche gesungen, meist mehr schlecht als recht. Da kommt es darauf an, etwas zu bieten, was ans Herz geht und dem Singenden etwas sagt. Auch wird man auf die Unterschiede der verschiedenen Lebensalter und Gemeindegruppen achten.

So enthält das neue Gesangbuch zunächst einmal wieder eine ganze Reihe bewährter Lieder aus der Reformationszeit. Viele Lieder von Martin Luther sind wieder dabei. Insgesamt sind 310 Lieder aus dem alten Gesangbuch übernommen worden. Herausgefallen sind fast hundert Lieder, von denen ein großer Teil erst bei der letzten Reform als „neues Lied" aufgenommen worden war, sich aber nicht durchsetzen konnte. Der andere Teil war vom Text her veraltet bis unverständlich oder schlicht und einfach nicht zu singen.

Umgedreht hat man Lieder wieder aufgenommen, die ins bisherige Gesangbuch nicht aufgenommen worden waren. Jetzt finden wir wieder „Stille Nacht" und „So nimm denn meine Hände" wieder und sogar „Harre meine Seele" und „Stern, auf den ich schaue". Und die Lieder „Wir pflügen und wir streuen" und „Geh aus mein Herz" stehen endlich so im Gesangbuch, wie sie schon immer gesungen wurden.

Ganz neu sind rund 200 Lieder. Unter diesen sind auch Kanons und Singsprüche und andere nicht liedmäßige Gesänge. Etwa 100 Lieder sind auch für den Kindergottesdienst geeignet. Neu aufgenommen wurden Lieder, die sich in den 45 Jahren seit Erscheinen des bisherigen Gesangbuches einigermaßen durchgesetzt haben und allgemein bekannt wurden. Hier bleiben allerdings die meisten Wünsche offen. Viele Vorschläge sind von den Praktikern vor Ort eingereicht worden. Aber entschieden haben dann doch die dem klassischen Liedgut zugetanen Kantoren und Pfarrer. Deshalb vermisst man manches neue Lied. Dafür sind dann andere Lieder aufgenommen worden, die zum Teil erst nach 1990 entstanden sind, aber dennoch die klassische Art haben. Vielleicht sollte man doch lieber über einen stellenweise dünnen Text und eine schlagermäßige Melodie hinwegsehen, wenn das Lied von der Gemeinde gern angenommen und gesungen wird. So wahrt das neue Gesangbuch die Tradition und zeichnet sich durch Treue und Gediegenheit aus.

Zwei Bücher braucht der Christ, hat einmal einer gesagt: die Bibel, die unveränderlich die Grundlage des Glaubens bildet, und das Gesangbuch, das immer wieder aktualisiert wird und Altes und Neues verbindet. Wir brauchen heute noch das reformatorische Lied, aber genauso auch das neue Lied. Denn Reformation heißt nicht Stillstand, sondern immer neue Anpassung an die Gegenwart und zum Teil schon an die Zukunft. Haben Sie sich schon angepasst, haben Sie schon beide Bücher zu Hause?

Geister oder Heiliger Geist Reformation

Hallo, heute ist nicht Halloween, jene amerikanische Erfindung, in der irgendwelche Geister eine Rolle spielen. Heute ist der Gedenktag der Reformation. Wir erinnern uns daran, dass am 31. Oktober 1517 der Mönch Martin Luther seine 95 Thesen an seinen Erzbischof schickte, um eine wissenschaftliche Diskussion über Reue und Vergebung anzuregen. Anlass dafür war, dass viele Menschen zu ihm in den Beichtstuhl kamen und sagten: „Wir brauchen nicht mehr zu beichten, wir haben uns im Nachbarland Zettel gekauft und brauchen nun nicht mehr die Höllenstrafen zu fürchten!“

Dass aus diesem Brief eine neue Kirche hervorgehen würde, konnte Luther damals nicht ahnen - das hat er auch nicht gewollt. Er wollte nur seine Kirche „reformieren“, also wieder in ihre ursprüngliche Form bringen. Schon Jesus hatte seine Religion wieder zu ihren Ursprüngen zurückbringen wollen. Zum Beispiel wollte er, dass man nicht mehr die rund 1000 jüdischen Gebote und Verbote sklavisch beachten sollte, sondern er wollte nur die zehn Gebote Gottes sinngemäß anwenden.

Das Wort „Reform“ hat heute einen negativen Klang. Wenn das Gesundheitswesen oder die Arbeitslosenunterstützung „reformiert“ werden soll, dann ist das immer mit Nachteilen verbunden. Das Wort „Reform“ könnte sogar „Unwort des Jahres“ werden, weil es nicht für eine an sich gute Sache verwendet wird, sondern etwas Schlechtes verschleiern soll.

Aber Reform ist immer nötig, auch in den „reformatorischen“ Kirchen. Sie müssen immer wieder neue Antworten finden auf die Herausforderungen ihrer Zeit. Rückkehr zum Alten bedeutet nicht, nur einfach das zu kopieren, was früher einmal gewesen ist. Es muss nicht der Buchstabe stimmen, sondern der Sinn. Wenn man nur nach dem Buchstaben geht, engt man den Sinn ein wie in einen Panzer und erreicht gerade das Gegenteil von dem, was ursprünglich beabsichtigt war.

So ist das ja auch bei der gesamten Bibelauslegung. Manche Aussagen sind zeitbedingt und nicht Kern des Glaubens. Doch diese Leute sagen: „Wir lassen uns nicht auf Auslegungen ein. Glauben muss man sowieso, da ist es einfacher, gleich alles zu glauben!“ Damit will man es sich aber im Grunde nur leicht machen, nicht nachdenken müssen, nicht in Zweifel gestürzt werden. Doh das ist eine Flucht, die nicht den Anfoderungen unsrer Zeit entspricht.

Martin Luther dagegen wollte deutsch reden wie die Mutter mit dem Kind oder die Leute auf der Straße. Deshalb hat er auch heftig seine Übersetzung der berühmten Stelle aus dem Römerbrief verteidigt: „Der Mensch wird vor Gott gerecht allein aus dem Glauben!“ (Römer 3, Vers 28). Das Wort „allein“ steht tatsächlich nicht im griechischen Urtext. Aber Luther hat an anderen Beispielen nachgewiesen, dass man das Gemeinte nur richtig verstehen kann, wenn man dieses Wort an dieser Stelle einfügt.

Die römisch-katholische Kirche hat in diesem Punkt auch nachgezogen und sich reformiert. Nur beim Verständnis von Kirche (und damit von Priesteramt, Papst, Sakramenten) bewegt sie sich noch nicht. Jede Gemeinschaft muss sich aber immer wieder neu reformieren, sonst erstarrt sie. Das heißt nicht, dass man sich billig an den jeweiligen Zeitgeist anpasst. Aber es bedeutet, dass man das Alte lebendig erhält und seinen Sinn für die heutige Zeit fruchtbar macht.

Geburtstag ist eine Alterserscheinung

10. November

„Geburtstag ist eine Alterserscheinung!" So sagte ein lebenserfahrener Mann zu mir, der am gleichen Tag wie ich Geburtstag hatte. Er ist über 80 Jahre alt geworden und war ein treuer Diener seiner Kirche. Er sagte das nicht entmutigt, sondern mit einem verschmitzten Lächeln, so als wollte er ausdrücken: „Was gratuliert ihr mir denn zum Geburtstag? Er erinnert doch nur daran, dass man wieder ein Jahr älter geworden ist!"

Ein Kind wartet noch voller Sehnsucht auf den nächsten Geburtstag. Es freut sich nicht nur auf die Geschenke, sondern vor allem darauf, dass es jetzt wieder ein Stück größer geworden ist und wieder mehr Rechte erlangt hat. Als Kind sehnt man das Erwachsensein herbei. Aber so bei 25 Jahren könnte alles stehen bleiben. Das ist das beste Alter, dann ist man auf dem Höhepunkt des Lebens, meinen wir. Mit 30 hat man schon das Gefühl, es gehe bergab. Und die Fünfzehnjährigen, die noch wirklich jung sind, haben die Meinung: „Mit 30 ist man ja schon soooo alt!"

Es ist alles nur eine Frage des Gesichtswinkels. Ich erlebte einmal einen Achtzigjährigen, der mich im ersten Augenblick in Erstaunen versetzte. Er war als beharrend und unbeweglich bekannt. Aber jetzt sagte er auf einmal: „Wir müssen auch junge Leute heranziehen!" Ich wunderte mich, weil er sich so gewandelt haben sollte. Aber die Personen, die er dann nannte, waren auch schon sechzig Jahre alt. Aus seiner Sicht waren sie jung. Aber aus meiner Sicht waren sie schon doppelt so alt wie ich damals war. Alter hat wohl auch etwas mit der Einstellung dazu zu tun.

An all das muss ich denken, wenn ich mir Gedanken für diesen Sonntag mache. An diesem Tag habe ich nämlich Geburtstag. An einem Sonntag bin ich geboren. Jetzt feiere ich wieder an einem Sonntag meinen Geburtstag. Man sagt, Sonntagskinder hätten besonderes Glück im Leben. Aber das ist wohl ein Aberglaube. Das Leben dieser Menschen verläuft genauso normal oder unnormal wie das der anderen auch:

Die Frage ist nur, wie man selber dazu steht: Stöhnt man über das Leben, das sich Jahr um Jahr abspult, und sieht man den Geburtstag nur als Erinnerung daran, dass das Leben vergeht. Oder freut man sich, dass man wieder ein Jahr hat vollenden können und dass man auf ein gutes neues Jahr hoffen darf.

Auch der große deutsche Reformator Martin Luther wurde am 10. November geboren. Ihm wird ja das Wort zugeschrieben: „Wenn ich wüsste, dass morgen die Welt unterginge, so würde ich doch heute noch mein Apfelbäumchen pflanzen!" Das Wort ist nicht von Luther, sondern es taucht erst 1944 auf. Doch es beschreibt sehr schön die Einstellung Luthers, die auch die Einstellung eines jeden Christen sein könnte: Jeder Tag könnte der letzte sein.

Der Geburtstag erinnert jeweils an diese Tatsache. Aber das kann und darf uns nicht hindern, doch das heute Notwendige in aller Ruhe zu tun. Das gilt für jeden Tag des Jahres: Man kann ihn nur als ein Geschenk aus Gottes Hand nehmen und versuchen, das Beste daraus zu machen. Das Beste ist in diesem Fall zunächst einmal der Besuch des Gottesdienstes. Die Feier des Geburtstages ist ein Anlass, Gott zu danken für das Geleit durchs Leben. Es war nicht immer leicht. Aber es hat doch Freude gemacht. Irgend etwas findet man immer, wofür man danken kann. Aber der Geburtstag ist auch Anlass, erneut um Gottes Beistand für das kommende Lebensjahr zu bitten. Wir dürfen darauf vertrauen, dass Gott noch viel mit uns vorhat. Der 23. Psalm drückt es so aus: „Gutes und Barmherzigkeit werden mir folgen mein Leben lang!" Vers 6). Wir haben schon viel Gutes von Gott erfahren. Da wird uns seine Barmherzigkeit auch weiter begleiten durchs Leben.

Ein schwerer Stein auf dem Grab Ewigkeitssonntag

Auf einem alten Friedhof in Hannover konnte man vor einigen Jahren ein sehr sonderbares Grab sehen. Es war das Grab einer deutschen Prinzessin, die damit prahlte, nicht an die Auferstehung der Toten zu glauben. Deshalb hatte sie in ihrem letzten Willen verlangt, dass man ihr Grab bedecke mit einer dicken Platte aus Granit, die an ihrer Umrandung festgehalten wurde mit Haken aus Eisen. Eine Inschrift war eingraviert: „Es ist verboten, dieses Grab zu öffnen, das gekauft wurde mit einer Ruhefrist für ewige Zeiten!" Aber siehe da, das Samenkorn einer Pappel wurde durch den Wind herbei getragen und legte sich in die Fuge zwischen der Umrandung und dem Stein. Aus dem Samenkorn wurde ein Baum, der Stück um Stück wuchs und die Steinplatte anhob. Dadurch gaben auch die Haken nach und die Umrandung der Platte zerbrach. Ein Korn hat genügt, das Grab zu öffnen. So wird auch ein Wort Gottes genügen, um den Leib aus dem Staub zu ziehen, so dass er auferstehen wird.

An diese Kalendergeschichte muss ich denken, wenn ich über unseren Friedhof gehe. Da gibt es auch große und schwere Steine auf den Gräbern. Manchmal steht nicht nur ein üblicher Grabstein auf dem Grab, sondern fast die ganze Fläche des Grabes ist zusätzlich mit einem Stein bedeckt, um mit teuren Steinen zu repräsentieren und das Eigenheimdenken über den Tod hinaus zu verlängern. Als Christen glauben wir doch an die Auferstehung der Toten. Das hat man sich bildhaft immer so vorgestellt, dass sich dazu die Gräber auftun und die Toten als neue Menschen herauskommen. Um diese Hoffnung zu unterstreichen, mussten unsere Grabstätten eigentlich anders aussehen. Da müssten sie doch mehr Zeichen der christlichen Hoffnung sein.

Könnten wir diesen Glauben nicht auch durch die Gestaltung unsrer Grabstätten zum Ausdruck bringen? Besser als Steine sind dafür sicher Pflanzen geeignet. Dabei denke ich nicht an die seltsamerweise „Lebensbäume" genannten sterilen Thujapflanzen. Besser wäre sicher das immergrüne Efeu oder ein Buch oder ein Baum. Was könnte die christliche Hoffnung auf die Auferstehung besser symbolisieren als ein Baum, der im Herbst die Blätter abwirft und sich in sich zurückzieht, aber im Frühjahr wieder ausschlägt. Der Baum wird neu - jedenfalls sein Blattwerk. Aber das Neue sieht dann so aus wie das Alte. Es hält sich etwas durch, obwohl alles neu geworden ist.

Vielleicht noch besser verdeutlicht werden könnte die christliche Hoffnung durch die berühmte Geschichte vom Herrn von Ribbeck auf Ribbeck im Havelland. Er ließ einen Birnbaum auf seinem Grab pflanzen, damit die Kinder des Dorfes seine Früchte ernten konnten. Schon zu Lebzeiten soll er immer ein gutes Herz und eine offene Hand für die Kinder gehabt haben, obwohl er doch ein Großgrundbesitzer und eigentlich ein Ausbeuter war. Auch über seinen Tod hinaus wollte er noch für sie da sein.

Doch christliche Hoffnung ist mehr als nur das ehrende Andenken an einen guten Menschen. Im Johannesevangelium heißt es: „Es kommt die Stunde, in welcher alle, die in den Gräbern sind, werden seine Stimme hören. Und es werden hervorgehen, die da Gutes getan haben, zur Auferstehung des Lebens, die aber Übles getan haben zur Auferstehung des Gerichts!" (Kapitel 5, Vers 28 bis 29). Das entscheidende dabei ist nicht, dass die Gräber sich auftun. Viel wichtiger ist, dass der Himmel sich auftut. Wir haben etwas, das in die Zukunft weist, bis in die Ewigkeit hinein. Das gibt uns Kraft für die Gegenwart. Wir brauchen uns nicht den Kopf darüber zu zerbrechen, was wohl nach dem Tode mit uns sein wird. Gott hat schon vorgesorgt.

Mein zweites Leben Second life

In einer Fernsehsendung sprach Reiner Calmund über seine Vorstellung vom Leben nach dem Tod. Er sagte: „So stelle ich mir mein zweites Leben vor: Da ist das Stadion, die Geschäftsstelle des Vereins, eine Torwand und ein Schwimmbad. Dort kann man Leute treffen. Aber es gibt auch eine große Wohnung mit viel Glas und Bildern an den Wänden. Und dann möchte ich durch einen Mausklick über allem schweben und mich bewegen!“ Das haben sie dann im Fernsehen auch mit Hilfe eines elektronischen Tricks vorgeführt. Das war natürlich ein schönes Bild, wie der schwergewichtige Calmund über allem schwebt.

Aber sehr schön ist sein Ausdruck „mein zweites Leben“. Das ist ein Fachausdruck aus dem Englischen, wo es „second life“ heißt. Im englischsprachigen Bereich ist das fast zu einer Forschungsrichtung geworden. In der Bibel heißt es „das ewige Leben“. Vor allem das Johannesevangelium spricht davon. Dort heißt es: „Alle, die an ihn glauben, werden das ewige Leben haben!“ (Kapitel 3, Vers 15) oder: „Ich gebe ihnen das ewige Leben!“ (Kapitel 10, Vers 28).

Der frühere Bischof Christian Zippert sagte in einem längeren Gespräch, als er schon wusste, dass er sterbenskrank war: „Jeder Mensch sollte sich ein Bild machen, mit dem er sich die Ewigkeit vorstellt!“ Auch die Bibel bietet solche Bilder an. Das bekannteste ist vielleicht das Bild vom „Paradies“, dem schönen Garten, wie er am Anfang der Welt war und wie er am Ende der Welt wiederkommen soll. Das wäre doch ein schönes Bild für einen Menschen, der Zeit seines Lebens in seinem Garten gearbeitet und viel Freude dabei erfahren hat.

Ein anderes Bild ist der Schlaf oder - noch deutlicher - die Narkose. Da kriegt man eine Spritze in den Arm. Man merkt, wie das Mittel mit zwei Herzschlägen in den Kopf gepumpt wird, und man ist weg. Aber man ist ja nicht wirklich „weg“. Es wird ja etwas am Körper gemacht, eine Störung wird beseitigt und der Mensch wieder hergestellt, so dass das Leben weitergehen kann. Der Patient merkt nichts davon. Aber wenn er aufwacht, dann steht vielleicht ein lieber Mensch an seinem Bett, zumindest ein Mensch, der sich um ihn kümmert.

Für das zweite Leben wird ein Kraftfahrer vielleicht seinen Lastwagen mit dabei haben wollen. Ein Geflügelzüchter wird mit seinen Tieren zusammen sein wollen. Ein Sportler stellt sich vor, dass er sich dann auch noch sportlich betätigen kann. Ein Musiker möchte spielen können. Ein Pfarrer wünscht sich, packend predigen zu können.

Natürlich wird die Welt Gottes noch einmal ganz anders sein als unsere Welt. Aber wir wollen sie doch auch als Welt für uns wieder erkennen können. Schon heute brauchen wir solche Bilder, damit wir begreifen können, was gemeint ist. Unser menschlicher Verstand und unsere Vorstellungskraft sind ja eingeengt, da helfen uns nur anschauliche Beispiele. Natürlich dürfen wir uns nicht allzu menschliche Vorstellungen machen, etwa wie von einem Schlaraffenland. Es soll ja auch noch etwas Überraschendes für uns bleiben. Aber sicher ist, dass es dieses „zweite Leben“ für uns geben wird.

„Wir müssen schon jetzt das ewige Leben üben,
damit wir es dann in der Ewigkeit bei Gott fortsetzen können!“

Bei den Ureinwohnern Australiens kommen die Nachbarn bei der Geburt eines Kindes und sagen: „Wir lieben dich und wir werden dir auf deiner Reise beistehen!“ Wenn einer gestorben ist, kommen die Nachbarn wieder und sagen „Wir lieben dich und wir werden dir auf deiner Reise beistehen!“ Es ist doch schön, wenn man am Beginn seines Lebens hören darf: „Wir lieben dich!“ Natürlich kann das neugeborene Kind das noch nicht verstehen. Aber so eine Aussage gilt dennoch und entfaltet ihre Wirkung. Vor allem aber hören auch die Eltern diese Zusage und werden dadurch für ihre Aufgabe gestärkt. Man geht ganz anders an eine Aufgabe, wenn man hört: Es sind auch andere da, die mit tragen und mit Rat und Tat gegebenenfalls Beistand leisten werden.
Der Vergleich des menschlichen Lebens mit einer Reise ist sehr treffend. Eine Reise beginnt irgendwann einmal, und sie hat ein Ziel. Aber dieses Ziel wird nicht immer gradlinig erreicht, sondern es gibt manche Umwege und Schwierigkeiten in unserem Leben. Es lauern auch Gefahren am Wege. Entweder sind das andere Menschen, die uns Böses wollen. Oder die Verhältnisse sind nicht so, wie man sie sich vielleicht wünscht. An manchen Missgriffen ist nicht der einzelne Mensch schuld, sondern er ist auch nur Opfer der herrschenden Zustände. Doch durch all das darf man sich nicht aus der Bahn werfen lassen, sondern man muss immer wieder das Ziel fest vor Augen haben. Die Gewissheit, dass man dabei gute Ratgeber hat und im Notfall auch einmal tatkräftig Beistand erfährt, hilft da sicher viel.
Doch Menschen allein können das nicht leisten! Wir brauchen auch Gott, der uns bei der Reise durchs Leben beisteht. Die Möglichkeiten der Menschen sind begrenzt. Vor allem in den Krisensituationen des Lebens stehen wir oft ratlos da. Zu leicht lassen wir uns da aus der Bahn werfen. Oder wir denken, Gott habe versagt, und greifen schnell einmal zu einem anderen Helfer, der mehr Beistand verspricht. So sind wir Menschen eben: Wir laufen dem nach, der im Augenblick am meisten verspricht. Aber auf die Dauer hilft das auch nicht.
Vor allem zeigt sich das, wenn das Ende unsrer Lebensreise kommt. Dann kann uns kein Mensch mehr helfen. Die Australier versprechen zwar, dass sie auch dann auf der Reise begleiten wollen. Aber in Wirklichkeit muss diesen letzten Weg jeder allein gehen, höchstens die Angehörigen kann man dann noch begleiten. Nur Gott steht auch bei der letzten Reise bei, vor allem bei der letzten, wenn Menschen nicht mehr mit können.
So drückt es auch der 16. Psalm aus: „Ich habe den Herrn allezeit vor Augen; steht er mir zu Rechten, so werde ich fest bleiben. Darum freut sich mein Herz, und meine Seele ist fröhlich, auch mein Leib wird sicher liegen. Denn du wirst mich nicht dein Tode überlassen und nicht zugeben, dass dein Heiliger die Grube sehe. Du tust mir kund den Weg zum Leben. Vor dir ist Freude die Fülle und Wonne zu deiner Rechten ewiglich“ (Vers 8 bis 11).
Gott steht uns zur Rechten, solange wir leben. Er steht uns auch bei, wenn wir den letzten schweren Weg gehen. Den Weg kennen wir nicht im einzelnen. Deshalb haben auch viele Menschen weniger Angst vor dem Tod, aber sie haben Angst vor dem Vorgang des Sterbens. Vor allem wissen wir ja nicht, wie es im einzelnen ablaufen wird. Aber das Ziel der letzten Reise kennen wir: das ewige Leben, das Leben bei Gott. Das Ende ist nicht die Grube, nicht das Grab. Sondern Gott kennt den Weg, der weiterführt, den Weg zum Leben.

Wir sind bei Gott aufgehoben Ende des Kirchenjahres

Bei einer Kindersendung im Radio sprach die Redakteurin mit Kindern über das Sterben. Dabei ging es auch um Vergleiche mit der Natur. Ein Kind sagte: „Bei den Bäumen ist es etwas anderes. Die sterben zwar im Herbst auch ab, aber im Frühjahr werden sie wieder grün und leben neu!“ Darauf antwortete die Redakteurin: „Aber das einzelne Blatt verwelkt und stirbt ab!“ So stirbt auch der einzelne Mensch, aber die Menschheit bleibt bestehen. Es ist schmerzlich, wenn ein Mensch sterben muss, es ist schade um jeden Menschen. Aber manche trösten sich damit, dass sie in ihren Kindern weiterleben, die zum Beispiel das elterliche Geschäft weiterführen oder die Wertvorstellungen der Eltern weitertragen.

Doch als Christen haben wir eine Hoffnung, die noch weiter geht. Nicht nur die Menschheit als Ganzes soll fortbestehen, sondern auch der einzelne Mensch soll bei Gott aufgehoben sein, wenn auch in einer anderen Art als jetzt. In einem Film fragt ein Mädchen: „Jetzt wacht Oma wohl nicht mehr auf?“ Der Vater antwortet: „Nicht mehr bei uns!“ Das ist doch eine schöne Formulierung: Sie wird wieder aufwachen, aber in der Welt Gottes. Wir müssen jetzt von ihr Abschied nehmen. Aber sie ist nicht für ewig verschwunden, sondern wir werden sie in der neuen Welt Gottes wiedersehen. Wir werden wieder mit ihr vereint sein, anders als jetzt, aber dann für immer.

Im Johannesevangelium findet sich das Wort Jesu: „Ich bin die Auferstehung und das Leben. Wer an mich glaubt, der wird leben, ob er gleich stürbe!“ (Kapitel 11, Vers 25). In diesem Zusammenhang will ich einmal einen Pfarrer zitieren: „Schon vor der Geburt ist der Mensch da. Er kennt noch nicht seine Mutter, die sieht er erst nach der Geburt. So ist auch nach dem Tod der Mensch noch da. Vorher hat er Gott nicht gekannt. Aber jetzt sieht er ihn von Angesicht zu Angesicht!“ (Pfarrer Uwe Rau).

Das kann uns trösten, wenn die Tage jetzt trüber werden und die Sonntage geprägt sind vom Gedenken an die Toten. Dann steht uns auch vor Augen, dass wir einmal sterben müssen. Oft wollen wir diesen Gedanken verdrängen, aber er kommt unausweichlich. Da kann uns Gottes Wort eine Hilfe sein. Es weist uns nach vorne und eröffnet uns ein neue Zukunft. Die italienische Filmschauspielerin Claudia Cardinale beschreibt in ihrem Buch „Trauerheilung als Wegbegleitung“ diese Gedanken mit den Worten: „So nun geh und habe keine Angst!“

Wenn das Leid, das wir tragen, den Weg uns weist,
und der Tod, den wir sterben, vom Leben singt,
dann hat Gott unter uns schon sein Haus gebaut,
dann wohnt er schon in unserer Welt.
Ja, dann schauen wir heut schon sein Angesicht
in der Liebe die alles umfängt,
in der Liebe, die alles umfängt.

(Evangelisches Gesangbuch 632)

„Ich denke an das Leben“ Leben

Gerade ältere Menschen haben das Gefühl, dass die Zeit immer schneller abläuft. Für ein Kind dehnt sich die Zeit, bis wieder Weihnachten ist. Aber wenn man älter ist, sagt man überrascht: „Was? Schon wieder Weihnachten!“ Da wird einem deutlich, wie begrenzt die Lebenszeit ist und dass sie unaufhörlich verrinnt. Günther Jauch fragte einmal in einem Interview ein Mädchen, das eine unheilbare Krankheit hatte: „Denkst Du an den Tod?“ Sie antwortete: „Ich denke nicht an das Sterben, sondern an das Leben. Ich denke an die Ziele, die ich mir noch gesetzt habe. Zeit ist wie ein Strahl: Jede Sekunde, die ist unwiederbringlich dahin, sie kann nicht wieder mit etwas anderem gefüllt werden!“

Das ist doch eine tröstende Aussage eines jungen Menschen, der im Gegensatz zu den meisten Menschen nicht mehr viel Zeit hat. Das Mädchen will die verbleibende Zeit noch möglichst gut nutzen. Denn jede Sekunde ist sofort Vergangenheit, ein Fehler kann nicht mehr berichtigt werden. Aber hilfreich kann sein, wenn man sich Ziele setzt, die man noch erreichen will. Dann wird die Zeit sinnvoll gefüllt und nicht vertan.

Eine Möglichkeit, die Zeit zu nutzen, ist auch die Beschäftigung mit Gottes Wort. Mancher hat erst wieder Zeit dafür, wenn er ans Bett gefesselt ist. Dann bedauert er am Ende noch, dass er vorher nicht die Gelegenheit genutzt hat, zum Gottesdienst zu gehen oder sich einmal mit einem biblischen Text zu befassen. Zum Glück lässt sich das leicht wieder einüben, man kommt doch schnell wieder hinein.

Eine gute Möglichkeit sind die Psalmen, die die ganze Bandbreite menschlichen Leids widerspiegeln, aber auch die Fülle der Hilfe und des Trostes, die Gott gibt. Das Gesangbuch mit seinen alten und neuen Liedern leitet uns an zum rechten Umgang mit unserer Zeit und unserem Leben. Aber auch manches andere Buch kann eine Hilfe sein.

Ich hatte einmal die Aufgabe, für die neue Glocke in einer Friedhofskirche einen Bibelspruch auszusuchen, der auf die Glocke geschrieben werden sollte. Ich wollte nichts mit dem Stichwort „Tod“ aussuchen, sondern die christliche Hoffnung auf die Auferstehung zum Ausdruck bringen. Also suchte ich im Register unter dem Stichwort „Leben“.

Dabei stieß ich auf eine Aussage im Johannesevangelium, die ich dann aus Platzgründen kürzte, um die Hauptsache hervorzuheben: „Wer mein Wort hört, der hat das ewige Leben!“(Johannes 5, Vers 24). Ich fand das passend für eine Friedhofskirche, in der im Angesicht des Todes das Wort Gottes gepredigt wird und dem Sterben entgegengesetzt wird.

Jeder hat die Gelegenheit, dieses Wort zuhören, jeden Tag und vor allem jeden Sonntag. Es kann helfen, das Leben zu bewältigen und die im Augenblick nötigen Aufgaben wahr zu nehmen. Der Blick auf den Tod soll uns dabei nicht lähmen, sondern die Hoffnung auf ein neues Leben wecken. Davon kündet die Glocke auf der Friedhofskirche bei jeder Trauerfeier, auch wenn man den Bibelspruch auf ihr in der Regel nicht lesen kann.

Kleine Glaubenslehre

„Mein Konfirmandenbuch“

A. Wir leben in Kirche und Welt

I. Unsere Kirche

1. Wir sehen die Kirche:
Wir besichtigen die heimatliche Kirche, machen uns mit ihren Einrichtungsgegenständen und ihrer Bedeutung vertraut und erforschen auch etwas ihre Geschichte. Hier ist jeden Sonntag Gottesdienst, hier werden Kinder getauft und konfirmiert, hier werden Ehepaare getraut und Trauerfeiern gehalten. Hier ist der Mittelpunkt des Gemeindelebens.

2. Wir gehen in die Kirche:
Gott ruft uns durch das Wort der Bibel immer wieder in den Gottesdienst. Dieser gehört zum Leben eines Christen wie das tägliche Brot. Wer sich nicht zur Gemeinde hält, trennt sich von Gott. Alle Gemeindeglieder sollen am Gottesdienst beteiligt sein, nicht nur der Pfarrer. Den entscheidenden Dienst aber tut Gott an uns.

Das Wort „Gottesdienst“ hat drei Bedeutungen.

(a) Dienst, den wir Gott tun (Lobpreis)

(b) Dienst, den Gott an u n s tut

(c) Dienst an der Welt im Namen Gottes.

Unser ganzes Leben ist also Gottesdienst im weitesten Sinne. Überall können wir im Sinne Gottes handeln, indem wir anderen helfen. Aber das macht den Gottesdienst am Sonntag nicht überflüssig, weil der uns erst Kraft gibt für den Dienst im Alltag.

Eine Gottesdienstordnung
Glockengeläut stilles Gebet, Eingangslied (Morgenlied, Psalmlied), Eingangspsalm mit „Ehr sei dem Vater und dem Sohn und dem Heiligen Geist, wie es war im Anfang, jetzt und immerdar, und von Ewigkeit zu Ewigkeit. Amen!“ (Verknüpfung mit dem Neuen Testament).
Aufforderung zum Bittruf mit „Herre Gott erbarme, Christe erbarme dich, Herre Gott, erbarme dich!“ und Aufforderung zum Lobpreis mit „Allein Gott in der Höh sei Ehr! (EG 179)
Pfarrer: „Der Herr sei mit euch!“ Gemeinde: „Und mit deinem Geist!“

Kollektengebet mit „Amen“

Schriftlesung (durch Spruch abgeschlossen), Gemeinde: „Halleluja, Halleluja, Halleluja!“ Glaubensbekenntnis, Wochenlied, Predigt, Predigtlied, Abkündigungen, Gebet, Fürbittengebet, Stilles Gebet, Vaterunser, Segen. Gemeinde: „Amen, Amen, Amen!“

Die Ordnungen der Gottesdienste und auch des Abendmahlsgottesdienstes sind im Gesangbuch der einzelnen Landeskirchen zu finden.

3. Wir gehören zur Kirche:

Man wird Glied der Gemeinde durch die Taufe, einmal Glied der weltweiten Christenheit, aber natürlich auch der Gemeinde am Ort. Diese wird geleitet durch Gemeindeversammlung, Kirchenvorstand (und Ausschüssen), Pfarrer. Aufgaben sind: Predigt, Sakramente, Amtshandlungen, Krankenbesuche, Unterricht, Kindergarten, Friedhof usw.

Jede Gemeinde gehört zu einem Kirchenkreis, der zu einer Landeskirche, zur „Evangelischen Kirche in Deutschland“ und zum „Ökumenischen Rat der Kirchen“ gehört.

Die Kirche ist

a. das Gebäude, in dem Christen zum Gottesdienst zusammenkommen

b. die Organisation der Gemeinden, z.B. die Evangelische Kirche in Deutschland

c. Die Kirche sind die Menschen, die zur Kirche gehören: Wir sind die Kirche!

II. Unsere Welt

Gott bejaht unsre Welt. Sie ist sein Geschenk, das wir mit Dank annehmen und vom Glauben gestalten und für das wir Gott loben,

1. Wir leben in Gemeinschaft mit anderen Menschen:

- in der Familie erfahren wir Liebe (4. Gebot),
- in der Freundschaft Vertrauen (8. Gebot, 1. Sam 20),
- in der Gruppe Freude (Jesus und seine Jünger, Dienstgruppen von Christen).

Die Schule ist der Ort gemeinsamer Arbeit. Die Konfirmandengruppe ist unabhängig von der Schulklasse. Sie kommt zusammen zur Vorbereitung auf die Konfirmation, besonders um zu überlegen, wie wir unsren Glauben in der Welt praktisch leben können. Der Konfirmandenunterricht ist nachgeholter Taufunterricht und vorgeholter Abendmahlsunterricht.

2. Unser Leben erfasst einen weiten Raum:

Wir leben in einer Nachbarschaft mit anderen Menschen zusammen (5. und 7. Gebot),

die Gesellschaft sorgt für die äußere Ordnung (4. Gebot).

Röm 13,1 : „Jedermann sei untertan der Obrigkeit!“ und

Apg 5,29 : „Man muss Gott mehr gehorchen als den Menschen!“

Wir leben als Volk unter Völkern. Gott will Frieden und ist gegen Rassenhass.

Vor allem die Christen sollen ein Segen für die Welt sein (M. L. King, „Brot für die Welt“).

3. Die ganze Welt dient unserem Leben:

Wir leben in einer technisierten Welt, aber wir sind auch ein Teil der Natur. Beides ist von Gott gegeben, aber wir sind auch für beides mit verantwortlich (Erklärung zum 1. Artikel, Psalm 8). Wir haben darüber zu wachen, dass die Schöpfung Gottes nicht zerstört wird (Atombomben, Luftverschmutzung). Wir dürfen uns an der schönen Natur freuen. Aber wir sollen auch durch die Technik und Wissenschaft die Schöpfung Gottes vorantreiben.

4. Die Gebote Gottes für unsre Welt:

Den Willen Gottes erkennen wir vor allem aus seinen Geboten (20. Mose). Die Geschichte von Naboths Weinberg (1. Kön 21) zeigt uns, wie schnell man alle diese Gebote übertreten kann. Das wichtigste Gebot ist das erste. Es hat einen Vorspruch: „Ich bin der Herr, dein Gott!“ Das hat das Volk Israel besonders beim Auszug aus Ägypten und Durchzug durchs Meer erfahren. Weil Gott hier geholfen hat, darf er auch etwas fordern; am Berg Sinai hat er deshalb das Gebot gegeben: „Du sollst nicht andere Götter haben neben mir!“

Auch für uns hat Gott gesorgt (Nahrung, Kleidung, Gesundheit; vergleiche: Erklärung zum ersten Artikel); deshalb gelten die Gebote auch uns. Auch heute gibt es Mächte, die für uns zu Göttern werden können (Macht, Geld, Arbeit, Sport). Gott will uns durch die Gebote vor ihnen schützen, aber auch vor anderen Menschen und vor uns selber.

Die Gebote schützen im Einzelnen: Gottes Ehre, Gottes Namen, Gottes Wort (Feiertag), Eltern, Leben, Ehe und Familie, Freiheit (Menschenraub), Ehre (Wahrheit), Eigentum (9. und 10. Gebot).

Jesus fasst die Gebote zusammen in dem Doppelgebot der Liebe: „Du sollst lieben Gott deinen Herrn und deinen Nächsten wie dich selbst!“ Wie man positiv die Gebote erfüllen kann, zeigt er an der Geschichte vom barmherzigen Samariter (Lk 10,25-37).

B. Was hat Gott mit der Welt vor?

I. Gott schafft die Welt

1. Wir bekennen Gott als Herrn und Schöpfer

Luther sagt in der Erklärung zum 1. Artikel des Glaubensbekenntnisses: „Ich glaube, dass mich Gott geschaffen hat!“ Er hat dazu unsre Eltern als Werkzeuge benutzt. Aber er hat nicht nur die einzelnen Menschen von heute geschaffen, sondern ist auch der Schöpfer Himmels und der Erde. Er hat dazu die Naturgesetze in seinen Dienst gestellt.

Die Weltanschauungen und Weltbilder haben sich im Lauf der Entwicklung verändert. Wir wissen heute, dass das Weltall ungeheure Ausmaße hat und die Erde nur ein winziges Staubkorn in ihm ist. Wahrscheinlich ist vor etwa fünf Milliarden Jahren die sehr dichte Ur-Materie explodiert und breitet sich seitdem im Weltall aus. Es gibt aber auch die Theorie vom ständigen Weltall. Doch auf jeden Fall hat unser Weltall einen Anfang und ein Ende.

Aus einem Teil der Materie entstand unsre Milchstraße mit dem Sonnensystem und unsere Erde. Auf der Erde hat sich dann aus einfachen Eiweißverbindungen das Leben entwickelt. Es ist zu immer höheren Formen fortgeschritten bis hin zu den Wirbeltieren, den Säugetieren und Menschen. Der Mensch hat also Vorfahren im Tierreich, ist aber dennoch weit von den Tieren unterschieden (Sprache, Bewusstsein, Handwerkszeug, Feuer, Kultur, Glaube); er ist eine besondere Schöpfung Gottes.

Die Bibel hat zwei Erzählungen über die Erschaffung der Welt:

1. Sieben Tagewerke mit dem Menschen als Krone der Schöpfung (1. Mose 1)
2. Der Mensch (Adam und Eva) im Paradiesgarten als Mittelpunkt der Schöpfung (1. Mose 2).

Beide Geschichten wollen aber nicht berichten, wie es bei der Schöpfung zugegangen ist. Die Schöpfungserzählungen der Bibel bezeugen den Glauben: Gott hat die Welt und den Menschen geschaffen! Über die Einzelheiten der Schöpfung wissen wir heute genauer Bescheid als die Menschen damals. Vielleicht wird es auch einmal möglich sein, das Leben künstlich zu erzeugen. Aber den Glauben an Gott den Schöpfer berührt das nicht.

Die beiden wichtigsten Sätze der Bibel über die Schöpfung werden immer Geltung behalten:

a. Am Anfang schuf Gott das Weltall (1. Mose 1,1).

b. Gott der Herr machte den Menschen (1. Mose 2,7).

Mit naturwissenschaftlichen Mitteln können wir das nicht beweisen - wir glauben es aber. Der Bibel geht es nicht um Naturwissenschaft, sondern um den Glauben. Wissenschaft und Glaube können jeweils nur auf ihrem Gebiet Aussagen machen.

2. Gott macht uns zum Verwalter der Welt:

Der Mensch führt in Technik und Wissenschaft die Schöpfung bis heute fort. Er kann vieles machen, aber er hat auch eine Grenze an der Macht Gottes. Der Mensch ist nicht selber Gott, sondern er steht in einer Beziehung zu Gott, zu den Mitmenschen und zur Welt Gottes.

II. Gott gibt die entfremdete Welt nicht auf

1. Der Mensch verfehlt seinen Auftrag:

Der Mensch hat immer wieder versucht, selber zum Herrn der Welt zu werden. In der Erzählung vom Sündenfall (1. Mose 3) ist das symbolisch dargestellt: Das Böse wurde immer schlimmer in der Welt.

2. Gott hält an der Welt als seinem Eigentum fest:

Er beruft den Abraham, holt sein Volk aus Ägypten, schließt am Sinai einen Bund, gibt das Land - schließlich schickt er seinen Sohn Jesus von Nazareth. Nach den Bundesschlüssen im Alten Testament schließt Gott in Jesus Christus einen neuen Bund (= Neues Testament).

III. Gott heilt die Welt

1. Was tat Jesus Christus?

Er rief zur Umkehr, zur Entscheidung, zum Heil. Er half gegen Krankheit, Sünde, Hunger und Tod. Er litt für uns, weil Gott die Welt liebt.

2. Wer ist Jesus Christus?

Er ist die Antwort auf die Erwartungen der Menschen des Alten Testaments. Er sah aus wie ein Mensch (geboren, gelitten, gestorben, begraben), ist aber wahrer Gott und auch heute der lebendige Herr (Gottes einziger Sohn, empfangen, auferstanden). Luther sagt in der Erklärung: „Ich glaube, dass Jesus Christus sei mein Herr!“ Weil er für uns sorgt, darf er befehlen; weil wir von ihm Hilfe erfahren, sollen wir gehorchen.

Ohne ihn wären wir verlorene und verdammte Menschen wie Adam und Eva (1. Mose 3). Doch Jesus hat am Kreuz die Strafe für unsere Schuld getragen und wir sind frei (Karfreitag). Gott hat ihn aber nicht im Tod gelassen, sondern hat ihn auferweckt und zum Herrn der Welt gemacht (Ostern, Himmelfahrt).

C. Was hat Gott mit der Kirche vor?

I. Der Auftrag der Kirche:

1. Der Herr verpflichtet die Gemeinde zum Dienst:

Jeder Christ ist verpflichtete, sich zu Gott und zu Christus zu bekennen mit Wort und Tat (vergleiche Dietrich Bonhoeffer, Innere und Äußere Mission). Christus hat keine Hände; deshalb müssen wir in seinem Auftrag der Welt dienen und uns für den Fortschritt einsetzen.

2. Der Herr schenkt die Gemeinschaft mit anderen:

Für seinen Auftrag braucht der Christ die Gemeinde der Heiligen, die durch den Heiligen Geist zusammengehalten wird. Diese Kraft Gottes hat Paulus zum Apostel gemacht (Apg 9) und gibt auch uns heute Kraft und Mut.

II. Der Ursprung der Kirche

1. Der Herr gründet die Gemeinde:

Die Gründung der ersten christlichen Gemeinde wird in der Pfingsterzählung (Apg 2) bildhaft dargestellt. Gott beruft auch uns heute durch das Evangelium zum Glauben. Durch die Taufe gehören wir zu Gott (= wir sind Heilige). Aber der Geist Gottes (= Heiliger Geist) muss uns immer wieder neu zu einem Menschen Gottes machen.

2. Der Herr hält die Gemeinde lebendig:

Auch heute noch zieht Gott wie ein Fischer die Menschen in seine Gemeinde. Diese ist nicht ein von Menschen gegründeter Verein, sondern die ausgewählte Streitschar Gottes, die zusammenkommt zu Lehre, Abendmahl und Gebet (Apg 2,42). Diese drei Dinge sind auch heute noch die wichtigsten Kennzeichen der Kirche. Christus ist ihr Haupt, die Christen die Glieder seines Leibes. Der Leib Christi hat auch seine Schäden. Aber wenn er wieder in das Kraftfeld des Heiligen Geistes gerät, kann auch eine tote Gemeinde wieder auferweckt werden.

III. Die Vollendung der Kirche:

1. Der Herr will nur e i n e Kirche. Aber:

2. Wir leben in getrennten Kirchen (Katholische Kirche, Freikirchen, Sekten).

Wir können nicht bestimmen, wer zur wahren Kirche gehört; aber Gott wird sie am Ende alle zusammenführen.

3. Der Herr macht uns frei von Sünde : Gott hat uns vergeben (verlorener Sohn). Nun sollen wir auch den anderen vergeben (Apg 16: Kerkermeister von Philippi und Mt 18: Schalksknecht).

4. Der Herr will uns auferwecken vom Tod:

Mit dem Tod ist nicht alles aus. Unser irdischer Körper zerfällt zwar. Aber unsere Person (nicht „Seele") steht weiter in einem Verhältnis zu Gott, der uns in der Auferstehung einen neuen Leib geben will (Vergleich mit Weizenkorn, l. Kor 15). Sterben bedeutet Gericht, aber auch unbeschwertes Leben bei Gott. Zur rechten Vorbereitung gehören Gebet und Beichte (Anhang des Gesangbuchs). Gottes Geist ist auch heute noch am Werk. Aber seine Herrschaft über die Kirche soll einmal am der Tage zur Herrschaft über die ganze Welt werden

D. Was hat Gott mit der Welt vor

I. Gott fordert und beauftragt mich

Gott hat Anspruch auf meine Zeit und meinen Besitz, die ich für mich. und meine Mitmenschen verwenden soll. Er will mich als Mitarbeiter für Frieden, Gerechtigkeit und Barmherzigkeit in der Welt.

II. Gott hat mich geschaffen

Gott schenkt mir Leib und Leben (auch Krankheit). Er gibt mir Verstand und Fähigkeiten, um bestimmte Berufe und Tätigkeiten auszuführen, er gibt mir auch meine Umwelt (Familie, Volk). Wenn ich mich von Gott entferne, verliere ich mein Menschsein und bleibe nur das höchst entwikkelte Säugetier, eines unter vielen. Aber als Mensch vor Gott kann ich in der modernen Industriegesellschaft, selbst als funktionierendes Rädchen im Getriebe, mein Menschsein bewahren und bewähren.

III. Gott bewahrt und führt mich

1. Er beschenkt mich durch die Taufe:

Die Taufe ist ein sichtbares Zeichen der Treue und Vergebung Gottes, sie sagt mir, dass ich mich auf Gottes Wort verlassen kann.

Im Taufbefehl (Mt 28, 16-20) fordert Jesus uns auf, alle Menschen zu seinen Jüngern zu machen. Weil er bei Gott („im Himmel“) ist und alle Macht hat, möchte er der Herr über alle Menschen sein. Wer wie Petrus und Johannes (Apg 4, 1-22) „i m“ Namen Gottes steht, der möchte, dass auch die anderen „i n“ den Namen „hineingetaucht“ werden. Mit der Taufe kommt man in die christliche Gemeinde hinein, in der Bereich, wo Menschen den Namen Gottes anrufen und in seinem Namen handeln.

Die Taufe ist also nicht nur eine fromme Sitte, sondern bei ihr wird unser Name zusammen mit dem Namen Gottes genannt, um anzudeuten: die beiden gehören von nun an immer zusammen. Bekräftigt wird das durch das Wasser und die Taufformel: „Ich taufe dich in den Namen des Vaters und des Sohnes und des Heiligen Geistes!“ Beides zusammen - Zeichen und Wort - macht die Taufe zu einem Sakrament.

Die Taufe ist wie das Wasser einer Quelle, das den müden Wanderer erfrischt, die Pflanzen und Tiere am Leben erhält und vielleicht einen Kranken heilt.

Wasser hat aber auch Reinigungskraft und manchmal eine zerstörerische Wirkung. So wäscht auch die Taufe all das Böse vom Menschen ab, das an ihn kommen wird; dazu muss er aber erst sterben, ehe er ganz neu geboren werden kann (Röm 6, 3-4). Die Taufe gibt uns die Gewissheit, dass wir immer zu Gott gehören. Aber sie ist nur ein Anfang, es geht weiter mit dem Abendmahl.

Nicht der Pfarrer tauft das Kind, sondern Gott selber nimmt es in die Gemeinde auf, auch wenn es zunächst nichts davon versteht. Gott garantiert, dass die Taufe wirksam ist, unabhängig vom Glauben des Kindes und den Versprechungen der Eltern. Aber der Glaube und der nötige Unterricht sollen dann nachher dazu kommen. In der Konfirmation bekennt sich dann der Getaufte nachträglich zu seiner Taufe und stimmt dem Handeln seiner Eltern zu (manchmal werden auch Erwachsene getauft).

Mit der Taufe ist es wie bei einem Geldschein, der dem Kind bei der Taufe geschenkt wird: Es kann noch nichts damit anfangen, aber die Eltern verwalten das Geld. Später wird das Kind es gebrauchen und sinnvoll anwenden. Und es wird sich dann herausstellen, dass dieses Stück Papier wirklich etwas wert ist. So steht auch hinter dem Taufwasser die Vollmacht Gottes, dass durch die Taufe wirklich ein Bund zwischen Gott und Mensch geschlossen ist, der sich für das ganze Leben auswirkt. Eltern und Paten wachen darüber und helfen bei der christlichen Erziehung (Gebet, Unterricht, christliche Bücher, gutes Beispiel).

2. Er geleitet mich durch das Wort:

Gottes Wort redet mich an in Predigt, Andacht, Unterricht, Gespräch. Es kommt zu mir durch Bibel, Andachtsbuch, Losung, Gesangbuch, Disks, Fernsehen, Internet. Dieses Wort kann mein Leben gestalten und ausrichten (Beispiel: Bonhoeffer „Widerstand und Ergebung").

3. Er erhört mich im Gebet:

In der Geschichte von der Gefangennahme des Petrus (Apg 12) wird uns gezeigt, dass auch betende Hände etwas in unsrer Welt auszurichten vermögen. Das bekannteste Gebet ist das Vaterunser. In ihm fordert Jesus seine Jünger auf, Gott als Vater anzureden. Vor ihm dürfen wir unser ganzes Leben ausbreiten,

Das Vaterunser Tat gegliedert in: Anrede, sieben Bitten, Lobpreis und Amen. Die ersten drei Bitten handeln mehr von dem, was Gott am Herzen liegt:

- Gottes Name wird heilig gehalten, wenn wir ihn in allen Nöten anrufen.
- Gottes Reich kommt, wenn wir ihn über unser Leben herrschen lassen.
- Gottes Wille geschieht an allen Menschen (selbst an Jesus in Gethsemane).

Die anderen Bitten liegen uns vielleicht mehr am Herzen, denn sie betreffen unser Leben und das unserer Mitmenschen.

Beten kann man überall: im stillen Kämmerlein oder mitten im Verkehrslärm der Straße. Man kann reden, wie man es etwa in der Familie tut, nicht frech, aber auch nicht geschraubt. Der Inhalt des Gebets sind: Dank, Bitte, Fürbitte, Lobpreis.

Viele Menschen beten nicht, weil sie sich selber helfen wollen, weil sie sich nicht konzentrieren können, weil manche Bitten nicht erfüllt worden sind. Doch Jesus hat uns Mut gemacht, Gott so zu bitten, wie Kinder ihren Vater bitten.

Allerdings werden nicht alle Gebete erhört, weil Gott ja nichts tut, was uns oder anderen schaden könnte. Er ist kein Automat, der prompt das Gewünschte liefert. Aber er lässt sich auch durch ein unaufhörliches Bitten einmal umstimmen. Muster für unsre Gebete sind die Psalmen des Alten Testaments, viele Gesangbuchlieder und die Gebete im Anhang des Gesangbuchs.

4. Er hilft mir zur Gemeinde durch die Beichte:

Die Beichte ist der Schlüssel, der unser Herz wieder für Gott öffnen kann, wenn wir eine Schuld auf uns geladen haben und ein schlechtes Gewissen haben. Man kann Gott beichten oder einem Mitmenschen. Inhalt sind Sündenbekenntnis und Lossprechung von Sünden im Namen Gottes. Es gibt auch besondere Beichtgottesdienste („Beichtspiegel" im Anhang des Gesangbuchs). Wenn man bei einem Pfarrer beichtet, hat man den Vorteil, dass er verschwiegen sein muss („Beichtgeheimnis").

5. Er stärkt mich durch das Abendmahl:

Taufe und Abendmahl sind die beiden Sakrament der Evangelischen Kirche. Brot und Wein sind die äußerlich sichtbaren Zeichen; dazu werden die Einsetzungsworte zum Abendmahl gesprochen. Diese beziehen sich auf das letzte Mahl Jesu mit seinen Jüngern (Gründonnerstag). Auch sonst hat Jesus oft die verachteten und armen Menschen an seinen Tisch eingeladen und sie damit wieder in die Gemeinschaft mit Gott gerufen.

Auch uns heute wird im Abendmahl die Verbindung mit Gott geschenkt, obwohl wir Sünder sind. Gott lädt uns ein an seinen Tisch (auch der Pfarrer ist nur Gast bei Gott) und versöhnt sich dabei mit uns. Weil er uns verziehen hat, sollen wir uns auch mit denen vertragen, die zum Abendmahl kommen.

6. Er segnet mich durch die Konfirmation: Er bestätigt mich in seinem Dienst:

In der Konfirmation erkläre ich mich bereit, unter Gottes Segen und in seinem Dienst zu bleiben. Ich weiß mich in Gottes Hand und bin berufen, seinen Willen mit meinem Wort und Handeln zu verwirklichen.

Aus dem Konfirmationsgottesdienst:

„Liebe Konfirmanden.....Wisst ihr, dass ihr durch. das Evangelium berufen seid, Christus nachzufolgen und mit der Kirche zu leben?“ - „Niemand kann aus eigener Kraft Gottes Forderung erfüllen. Ein Christ bedarf sein Leben lang der Gnade Gottes und der Fürbitte der Gemeinde Deshalb frage ich euch: Wollt ihr konfirmiert werden? so antwortet: Ja, betet für uns!” -

„Herr Gott, Vater, Sohn und Heiliger Geist, der du allein alles Gute in uns anfängst und vollendest, wir bitten dich für diese Konfirmanden, die du uns anvertraut hast, gib ihnen deine Gnade, Schutz und Schirm vor allem Argen, Stärke und Hilfe zu allem Guten, dass sie bewahrt werden zum ewigen Leben!“ [Das Schema dieser Übersicht ist aus einer Ring-Mappe für Konfirmanden übernommen].

Das will ich wissen

Gottesdienst

Der Mittelpunkt des Gemeindelebens ist der Gottesdienst, auch wenn sich dieses heute noch in vielen anderen Veranstaltungen während der Woche zeigt. Im Gottesdienst hört die Gemeinde auf Gottes Wort, das ihr vom Prediger für die heutige Zeit ausgelegt wird. Sie singt und betet miteinander. Der Gesang wird vom Orgelspiel begleitet. Gesangbücher liegen in der Kirche aus.
Öfters ist auch das Abendmahl in den Gottesdienst eingeschlossen. Auch die Taufe kann im Gottesdienst der Gemeinde stattfinden. Eine Sitzordnung gibt es nicht. Die Kinder werden zu einem eigenen Gottesdienst eingeladen. Kinder können aber auch von den Eltern in den Gottesdienst der Gemeinde mitgebracht werden

Abendmahl

Die Kirchengemeinde lädt in in regelmäßigen Abständen und an den Festtagen im Gottesdienst zum Abendmahl ein. Diese besondere Feier stößt bei Außenstehenden oft auf Unverständnis, ist aber den Gemeindegliedern gewohnt. Beim Abendmahl wird gemeinsam ein Stück Brot gegessen und ein Schluck Wein oder Traubensaft getrunken, entweder aus einem gemeinsamen Kelch oder auch in Einzelkelchen. Dazu werden die sogenannten „Einsetzungsworte“ gesprochen, die die Feier erst zu einem Sakrament machen, einer heiligen Handlung, bei der äußerlich sichtbar etwas geschieht, bei der aber auch innere Gaben mitgeteilt werden.
Das Abendmahl geht zurück auf die letzte Mahlzeit, die Jesus mit seinen Jüngern hielt. Hier nahm er Abschied von ihnen, schloss sich aber auch zu einer besonders festen Gemeinschaft mit ihnen zusammen. Diese Gemeinschaft mit Jesus und untereinander wird heute immer wieder neu bekräftigt durch die Feier des Abendmahls. Sie setzt voraus, dass man die Vergebung Gottes und die seiner Mitmenschen erlangt hat. Eine formelle Beichte ist aber deshalb nicht erforderlich, aber es gibt eigene Beichtgottesdienste und die Möglichkeit zur Einzelbeichte.
In jeder Gemeinde gibt es nur einen Ort, an dem das Abendmahl gefeiert wird, nämlich die Kirche. Ein Hausabendmahl ist aber möglich bei Krankheit; da kommt der Pfarrer ins Haus und feiert mit der Familie.

Seelsorge

Die Kirche macht allen Menschen das Angebot zum vertraulichen Gespräch. Man muss dazu nicht zu dem Pfarrer am Ort gehen (kann es aber), sondern jeder Pfarrer steht dazu zur Verfügung. Der große Vorteil dabei ist: Der Pfarrer ist zu absoluter Verschwiegenheit verpflichtet, auch wenn man nicht ausdrücklich um Verschwiegenheit gebeten hat.

Er darf auch nichts einem Kollegen oder seiner Frau sagen. Man kann mit jeder Frage oder Sorge zu ihm kommen. In manchen Fällen wird der Pfarrer weitere Gespräche anbieten oder an Spezialisten verweisen.
Ein besonderes Angebot ist die Beichte, die es selbstverständlich auch in der evangelischen Kirche gibt. Darunter versteht man das Aussprechen seiner Verfehlungen und die Lossprechung von Sünden durch den Pfarrer im Auftrag Gottes. Diese persönliche Beichte ergänzt die allgemeine Beichte im Gottesdienst und soll eine Hilfe sein für Menschen in einer besonderen inneren Not.
Besondere Formen sind die Seelsorge in Krankenhäusern, Seniorenheimen, Gefängnissen, bei der Bundeswehr und an Urlaubsorten, die von eigens dafür angestellten Pfarrern wahrgenommen wird. Es gibt auch Pfarrer für Binnenschiffer, Schausteller und Zirkusleute.

Taufe

Durch die Taufe wird man in die christliche Gemeinde aufgenommen, in die Kirche am Ort und in die weltweite Kirche. Sie kann im Säuglings- oder Kinderalter erfolgen, aber auch bei Erwachsenen. Tradition ist die Kindertaufe. Diese hat den Vorteil, dass der heranwachsende Mensch erkennen kann: Ehe ich es noch begreifen konnte, hat Gott sich schon für mich erklärt und hat mich in seine Gemeinde aufgenommen. Ich muss nicht von mir aus wissen, ob ich auch „reif“ für die Taufe bin, sondern ich weiß, dass ich dazu gehöre. Die Taufe ist für ein Kind wie ein Kleid, das noch zu groß ist, in das es aber hineinwächst.
Die Taufe ist ein „Sakrament“, eine heilige Handlung, bei der äußerlich sichtbar etwas geschieht, bei der aber auch innere Gaben mitgeteilt werden. Sichtbar ist die Berührung mit Wasser, die dazu verhelfen soll, dass man auch das Unsichtbare glauben kann, nämlich die Aufnahme in die Gemeinschaft mit Gott, die auch in der Aufnahme in die Kirche sichtbar wird.
Die Eltern müssen nicht unbedingt getraut sein (siehe unten unter „Trauung“). Sie können sich aber in Verbindung mit der Taufe ihres Kindes noch trauen lassen. Der Termin der Taufe muss rechtzeitig mit dem Pfarrer vereinbart werden (man muss bedenken, dass der Pfarrer auch noch eine Menge anderer Arbeiten hat und auf Ausweichtermine gefasst sein). Die Taufe findet in der Regel in der Kirche statt, in begründeten Fällen wie Krankheit kann sie auch im Haus oder anderswo vorgenommen werden. Am Schönsten wäre eine Taufe im üblichen Sonntagsgottesdienst (gleich zu Beginn), um die Aufnahme in die Gemeinde bildlich darzustellen. Sie ist aber auch möglich im Anschluss an den Gottesdienst, auch zusammen mit anderen Tauffamilien.
Wenn ein Kind getauft wird, muss mindestens ein Elternteil der evangelischen Kirche angehören (aber beide Eltern müssen zustimmen), denn das Kind soll ja nach der Taufe christlich erzogen werden. Dazu helfen auch die Paten, die in die Verantwortung für das Kind mit hineingezogen werden.

Mindestens ein Pate oder eine Patin muss evangelisch sein, weitere Paten können zum Beispiel auch römisch-katholisch sein. Auswärtige Paten müssen ein Bescheinigung ihres zuständigen Pfarramtes vorlegen. Wer aber überhaupt keiner christlichen Kirche angehört, kann nicht Pate sein (zumindest nicht offiziell), weil er ja nichts zur christlichen Erziehung beitragen kann.
Ein Pate betet für sein Patenkind, erkundigt sich nach seinem Wohlergehen, berät die Eltern in allen Fragen, geht mit zum Gottesdienst, ist natürlich bei der Konfirmation dabei und verspricht sogar, das Kind in seine Familie aufzunehmen, wenn den Eltern etwas zustößt.
Die Taufe ist gebührenfrei. Die Gemeinde freut sich aber, wenn alle Teilnehmer der Taufe am Ausgang der Kirche eine Geldspende geben. Im nächsten Gottesdienst wird die Taufe dann noch abgekündigt.
Die Taufe im Kindesalter erfordert die Konfirmation, also die Zustimmung des jungen Menschen zu seiner Taufe. Dazu wird er am Beginn der achten Klasse beim Pfarramt zum Konfirmandenunterricht angemeldet. Wöchentlich ist eine Konfirmandenstunde und regelmäßiger Besuch des Gottesdienstes wird erwartet. Eine Konfirmandenprüfung findet nicht mehr statt, die Konfirmanden stellen sich nur in einem Gottesdienst der Gemeinde vor.
Auch wer nicht getauft ist, kann am Konfirmandenunterricht teilnehmen. Aber er hat dann natürlich das Ziel, getauft zu werden und zur Kirche zu gehören. Die Taufe kann vor der Konfirmation erfolgen oder auch anstelle der Konfirmation im Konfirmationsgottesdienst.

Trauung

Anders als in der katholischen Kirche ist die Trauung kein Sakrament, aber sie ist natürlich eine sehr sinnvolle und hilfreiche Handlung. Aber auch für den, der nur vor dem Standesamt geheiratet hat, gilt das sechste Gebot Gottes: „Du sollst nicht ehebrechen!“ Bei einer Trauung müssen aber beide Ehepartner konfirmiert sein oder einer kann auch einer anderen (anerkannten) christlichen Kirche angehören. Es besteht natürlich auch die Möglichkeit, dasss sich ein Ehepartner vor der Trauung noch nachkonfirmierenlässtt nach einem Privatunterricht beim Pfarrer.
Wenn die Eheleute aus verschiedenen Orten kommen, muss der auswärtige Partner sich die Genehmigung seines zuständigen Pfarrers geben lassen, aus der auch hervorgeht, dass der Betreffende das Recht zur Trauung hat. Aber das ist nur eine Formsache, die aber erforderlich ist, weil das ausführende Pfarramt dann eine Vollzugsmeldung an das andere Pfarramt machen muss
Voraussetzung für die Trauung ist auch die Eheschließung vor dem Standessamt. Nach den Bestimmungen des Staates wäre auch eine Trauung ohne Eheschließung möglich, aber die Kirche hält sich hier an die seit 1875 geübte Praxis.

Die Trauung ist nämlich nicht ein feierlich überhöhter Abklatsch der Eheschließung. In der Kirche werden die „Brautleute" nicht noch einmal gefragt, ob sie einander heiraten wollen, sondern sie sind schon Eheleute, die ihre Ehe unter den Schutz Gottes und die Fürbitte der Verwandten und der Gemeinde stellen wollen. Wenn man sich in die alte Ordnung der Trauung hineinstellt, wird man auch von ihr getragen. Weil man die Ehe vom Segen Gottes umschlossen weiß, wird man auch schwere Zeiten besser ertragen können. Erst durch die Trauung erfährt die Ehe ihre wahre Tiefe.

Das schließt nicht aus, dass man alle möglichen Formen der Feier damit verbindet. Hie muss man sich aber mit dem betreffenden Pfarrer abstimmen. Hochzeitskutsche und Blumenstreuen dürfen in der Regel sein. Besonderer Blumenschmuck und eigene Musik sind möglich. Fotografieren bei der Trauung ist dagegen meist nicht erwünscht. Es geht nicht, dass mehrere Fotografen um das Geschehen herumlaufen und störende Blitzlichtaufnahmen machen. Bestenfalls kann eine Videokamera auf der Empore aufgestellt werden oder im Anschluss an die Trauung noch ein Bild gemacht werden. Vor der Kirche dürfen auch Vereine ein Spalier bilden.

Die Trauung wird im nachfolgenden Gottesdienst der Gemeinde abgekündigt. Da dieser aber in der Regel am nächsten Tag ist und die Eheleute sich vielleicht von den Anstrengungen der Feier erholen wollen, ist es schön, wenn sie schon am vorhergehenden Sonntag zum Gottesdienst kommen, wenn die Trauung angekündigt wird.

Die Trauung könnte im Prinzip auch an einem anderen Ort als in der Kirche stattfinden. Aber weil jede Gemeinde eine schöne Kirche hat, werden die Eheleute wohl gerade auf diesen Ort Wert legen

Gebühren werden für die Trauung nicht erhoben. Nur der tatsächliche Aufwand wie Orgelspiel, Läuten, Reinigung usw. muss erstattet werden.

Beerdigung

Wenn man im Krankheitsfall den Besuch des Pfarrers wünscht, muss man ihm natürlich Bescheid geben. Man sollte nicht davor zurückschrecken, so als würde man schon mit seinem Ende rechnen. Es ist nur ein Angebot zum Gespräch in einer Zeit, in der man selber zwangsläufig zur Ruhe kommt. Eine Sterbebegleitung ist aber auch möglich

Mit der Beerdigung nimmt die christliche Gemeinde Abschied von ihren Toten. Dazu findet die Trauerfeier in der Kirche oder in einer besonderen Trauerhalle statt (manchmal auch nur auf dem Friedhof). Anschließend geht man bei einer Erdbestattung zum Grab auf dem Friedhof. Bei einer Feuerbestattung kann man sich von dem Sarg mit dem Verstorbenen verabschieden und die Urne später im Familienkreis beisetzen. Man kann aber auch warten, bis die Urne da ist und dann die Trauerfeier in der Kirche machen und die Urne anschließend auf dem Friedhof beisetzen.

Für den Glauben macht es keinen Unterschied, ob man eine Erdbestattung oder eine Feuerbestattung vornimmt. Gott ist bei der Auferstehung nicht auf unseren Körper angewiesen. Die Entscheidung ob Erd- oder Feuerbestattung hängt mehr von gefühlsmäßigen Gesichtspunkten ab.
Die Trauerfeier ist gebührenfrei. Es ist nur der tatsächliche Aufwand zu erstatten (Läuten, Orgelspiel).

Wiederaufnahme/Übertritt

Wer irgendwann einmal aus der Kirche ausgetreten ist, kann wieder eintreten, wenn er den ernsthaften Wunsch dazu hat. Er muss sich dazu zuerst mit dem Pfarrer in Verbindung setzen, der dann die Einzelheiten erläutert. Man wird nicht noch einmal getauft, denn die Taufe ist einmalig und gilt immer. Es gibt auch keine besondere Aufnahmehandlung. Erwartet wird jedoch die Teilnahme am Gottesdienst und am Abendmahl. Und natürlich gehört auch dazu, dass der Wiederaufgenomme wieder Kirchensteuer bezahlt. Dafür hat er aber auch wieder alle Rechte in der Kirche, wie das Patenamt, Wahlrecht und Recht auf Amtshandlungen.
Für den Übertritt von einer anderen christlichen Kirche in die evangelische Kirche gilt das gleiche Verfahren. Wenn einer vorher schon einmal evangelisch war, ist es ganz problemlos. Wenn einer vorher römisch-katholisch oder griechisch-orthodox war, wird der Pfarrer noch ein Gespräch über die Unterschiede mit ihm führen. Aber jedenfalls werden keine hohen Hürden für eine Wiederaufnahme oder einen Übertritt aufgerichtet. Es gibt in den Städten auch besondere Kircheneintrittsstellen, aber man kann alles auch vertrauensvoll am Ort erledigen.

Rechte für Kirchenmitglieder

Die Evangelische Kirche versteht ihre Arbeit als Zeugnis für die Liebe Gottes zu den Menschen und als Dienst an der ganzen Gesellschaft. Ihre Angebote stehen allen Menschen offen. Die Kirche ist immer in der Nähe - mit ihren Mitarbeiterinnen und Mitarbeitern, ihren Angeboten und ihren Gebäuden. In vielen Kirchengemeinden wird am Sonntag Gottesdienst gefeiert. Wer seelsorgerliche Hilfe sucht, kann sich überall an Pfarrerinnen und Pfarrer wenden. Die Kirche begleitet Menschen in wichtigen Momenten des Lebens, wie etwa der Taufe, der Konfirmation, der Trauung und der Bestattung. Daneben gibt es vielfältige Bildungsangebote und eine große Zahl von sozialen Einrichtungen wie Kindertagesstätten, Krankenhäuser und Altenheime. Die Kirche engagiert sich in der Ökumene - vor Ort und weltweit.

Kirche verbindet:

Die Evangelische Kirche verbindet die Menschen, die ihr angehören. Das tut sie, indem sie Angebote und Strukturen bereitstellt, die von allen ihren Mitgliedern genutzt werden können. Gemäß den christlichen Grundsätzen schützt und stützt die Kirche so die Gemeinschaft im Glauben. Die Kirchenmitgliedschaft beginnt bereits mit der Taufe. Für einige Rechte, insbesondere für die Übernahme des Patenamtes, ist zusätzlich die Konfirmation erforderlich. Kirchenmitgliedschaft bezieht sich immer auf eine Kirchengemeinde und eine Landeskirche. Bei einem Umzug in das Gebiet einer anderen Landeskirche setzt sich die Kirchenmitgliedschaft in der neuen Kirchengemeinde fort.

Kirche ist verbindlich:

Eine Kirchenmitgliedschaft bringt nicht nur Rechte, sondern auch Pflichten mit sich. Diese dienen dazu, die Kirche handlungsfähig zu machen. Mit der eingegangenen Kirchensteuer werden zum Beispiel die Gemeinden bei ihrer Arbeit unterstützt oder seelsorgerische Dienste finanziert, was wiederum allen Mitgliedern zugute kommt.

Obwohl die evangelische Kirche auch Nicht-Mitglieder einlädt, an ihrer Gemeinschaft teilzuhaben und ihnen freistellt, ob sie am Abendmahl teilnehmen möchten, muss bei einem Kirchenaustritt mit dem Verlust bestimmter Rechte gerechnet werden. Es ist dann zum Beispiel nicht mehr möglich, ein Patenamt zu übernehmen. Im Einzelfall und bei Unklarheit über Ihre Rechte sollten Sie mit Ihrem Pfarrer sprechen. Durch den Eintritt bzw. Wiedereintritt in die Kirche kann der rechtliche Status in vollem Umfang hergestellt bzw. wieder hergestellt werden.

Rechte und Pflichten aus der Mitgliedschaft in der Kirche:

- Die Kirche begleitet Sie in wichtigen Situationen im Leben - bei Taufe, kirchlicher Hochzeit oder kirchlicher Bestattung.
- Als Kirchenmitglied können Sie jederzeit ein Patenamt übernehmen. Gemeinsam mit den Eltern versprechen Sie damit, für die christliche Erziehung des Kindes zu sorgen.
- Kirchenmitglieder haben ein Mitwirkungsrecht bei der Besetzung kirchlicher Ämter (zum Beispiel Kirchenvorstand). Sie dürfen sowohl wählen als auch selbst für ein Amt kandidieren.
- In schwierigen Lebenssituationen stehen Kirchenmitgliedern selbstverständlich die Dienste der Diakonie oder der kirchlichen Seelsorge zur Verfügung.
- Als Kirchenmitglied verpflichten Sie sich, gesetzlich geordnete kirchliche Abgaben (Kirchensteuer) zu leisten. Sie verpflichten sich außerdem, bei einem Umzug das Einwohnermeldeamt über die Kirchenmitgliedschaft zu informieren, damit die entsprechenden Angaben an die Kirche weitergeleitet werden können.

Verlust von Rechten bei Austritt aus der Kirche:

- Nicht-Mitglieder haben keine Anspruch auf eine kirchliche Trauung oder eine kirchliche Bestattung.
- Bei einem Austritt aus der Kirche geht das Recht auf ein zukünftiges Patenamt verloren. Es kann daher sinnvoll sein, Familienangehörige über diesen Schritt zu informieren. Ein bestehendes Patenamt ist davon nicht betroffen.
- Nicht-Mitglieder können nicht für kirchliche Ämter kandidieren oder an der Wahl teilnehmen. Da einige Berufe innerhalb der Kirche eng mit dem kirchlichen Auftrag verbunden sind, stehen diese nur Mitgliedern offen (aus einem Faltblatt der Evangelischen Kirche in Hessen und Nassau und einer Broschüre der Evangelischen Kirche von Kurhessen-Waldeck aus dem Jahre 2004)

Kirchensteuer

Die Kirche dankt allen, die es mit Kirchensteuer und anderen Mitteln unserer Kirche ermöglichen, ihren Auftrag zu erfüllen.

Die Kirche hat den Auftrag, mit ihrem geordneten Dienst die Botschaft von Jesus Christus mit Wort und Tat weiterzutragen. Sie sammelt Menschen zu Predigt und Abendmahl, Unterricht und Gespräch. Sie ruft auch auf zu Diakonie (Krankenhäuser, Kindergärten, Altenheime) und Mission. Sie braucht Menschen, die an diese Aufgabe die Zeit und die Kraft ihres Lebens hingeben. Dafür muss sie ihnen ihren Lebensunterhalt sichern. Die Kirche braucht auch zeitgemäße technische Hilfsmittel, Gebäude für Versammlungen, Wohnungen für die Mitarbeiter und eine funktionierende Verwaltung.

Wichtigste Einnahmequelle der Kirche:

Für diese vielfältigen Aufgaben braucht die Kirche Geld. Deswegen erbittet sie von ihren Mitgliedern die sogenannte „Kirchensteuer". Den Großteil ihrer Einnahmen bezieht sie aus der Kirchensteuer. Sie ist aber keine echte Steuer, denn Steuern erhebt nur der Staat, aber durch Austritt kann man sich nicht von ihnen befreien. Die Kirchensteuer ist eine Art Mitgliedsbeitrag. Sie wird erhoben von jedem Berufstätigen, sei er nun abhängig beschäftigt oder selbständig.

Die Kirchensteuer beruht auf dem Grundgedanken der Selbstfinanzierung und wurde ab Mitte des 20. Jahrhunderts in den deutschen Staaten eingeführt, weil die Finanzierung durch den Staat nicht mehr ausreichte. Dadurch erhoffte man sich eine größere Unabhängigkeit vom Staat.

Auch heute ist die Kirchensteuer erforderlich, um die Freiheit der Kirche zu garantieren. Man sollte deshalb die Kirchensteuer so selbstverständlich zahlen wie die Steuern an den Staat. Die Kirchensteuer ist als eine geordnete Abgabe eine alle Mitglieder gleichmäßig belastende Mindestanforderung, die untere Grenze der für ein Jahr erwarteten Abgabe. Aber sie ist kein Opfer, denn letztlich tut sie nicht weh im Vergleich zu anderen Abgaben. Sie ist im Grunde heute auch eine freiwillige Zahlung. Neben die Kirchensteuer treten noch Kollekten und Spenden und Vermächtnisse (Erbschaft). Dabei bittet die Kirche für bestimmte Aufgaben und Anlässe, und das Gemeindeglied setzt selber die Höhe der Zahlung fest.

Kirchgeld:

Früher gab es in den Kirchen auch noch das Kirchgeld, das die Kirchen selber erhoben. Es war aber pauschaliert und ziemlich gering, zehn oder zwanzig Mark im Jahr. Wegen der hohen Kosten für die Erhebung verzichten manche Kirchen seit Jahrzehnten auf dieses Kirchgeld. Das führt aber dazu, dass zum Beispiel in der Evangelischen Kirche von Kurhessen-Waldeck nur ein Drittel der Gemeindeglieder über das Finanzamt Kirchensteuer bezahlt. Dies ist ein Beispiel dafür, dass die angeblich geldgierige Kirche auch in finanzieller Hinsicht positive Seiten hat.
Manche treten dann als Rentner wieder in die Kirche ein, weil es dann nichts mehr kostet, die Dienstleistungen der Kirche aber kostenfrei sind. Man kann sogar sein ganzes Leben zur Kirche gehören, ohne je einen finanziellen Beitrag geleistet zu haben, zum Beispiel als Arbeitslosengeld II-Empfänger. Man muss fragen, ob das richtig ist, denn das gibt es in keinem Verein. Irgendwie müsste die Zugehörigkeit zur Kirche auch beim Geld deutlich werden. Aber einstweilen bleibt nur die Möglichkeit, der Kirche statt dessen Geld zu spenden, das dann aber allein der eigenen Gemeinde zugute kommt.

Staatsleistungen:

Das Thema „Kirche und Geld“, die Berechnung und Verwendung von Kirchensteuern wird in der Öffentlichkeit diskutiert. Dazu kommt aber noch, dass auch die Leistungen des Staates an die Kirchen immer wieder als überholt angefochten werden. Ein Problem ist in der Tat: Das Staatsvolk ist nicht mehr gleichbedeutend mit dem Kirchenvolk und die vom Staat ursprünglich garantierte Religionsausübung wird nur mehr von sieben bis acht Prozent der Bevölkerung im Sonntagsgottesdienst praktiziert. Viele Kirchenmitglieder sind nur Kirchensteuer-Christen und die Kirche ist für sie nur eine Sparkasse für das Feierliche im Leben. Andererseits steht die Kirche mit ihren „Dienstleistungen“ jedem Steuerzahler gleichmäßig zur Verfügung („Das ganze Volk will kirchlich begraben werden, um anständig unter die Erde zu kommen“).

Formell gehören den großen Kirchen noch 66 Prozent der Bürger an, von denen sie rund 17 Milliarden Mark Kirchensteuer beziehen. Daneben erhalten sie jährlich weitere 11,5 Milliarden Mark aus den Haushalten von Bund, Ländern und Gemeinden.

Geht man aber nur von der niedrigsten Quote von drei Prozent Kirchenbesuchern aus, so versammeln sich von den über 52 Millionen Kirchenzugehörigen jeden Sonntag 1,584 Millionen Gottesdienstbesucher, weitaus mehr, als auf allen Sportstätten der Republik an den Wochenenden anzutreffen sind. Es gibt keine andere Gruppierung in diesem Land, die sich mit einer solchen Zahl von Menschen darstellen könnte.

Der Sonntagsgottesdienst ist aber nur eine, wenn auch besonders wichtige Form kirchlichen Lebens. Hinzu muss man die Menschen rechnen, die unter der Woche die Vielzahl anderer Gemeindeveranstaltungen - zum Beispiel Konfirmandenunterricht, Gemeindeabende, Seminare, Chorabende, Bibelkreise, Jugendtreffs und andere besuchen oder kirchliche Amtshandlungen wie Trauung oder Beerdigung in Anspruch nehmen - ihre Zahl geht noch einmal locker in den Millionen-Bereich. Die Kirchen sind gar nicht so leer.

Die Staatsleistungen gliedern sich wie folgt auf:

1. Altrechtliche Staatsleistungen:

Sie haben ihre Grundlage darin, dass im Rahmen der „Säkularisation“ (Verweltlichung) im Jahre 1803 kirchliche Güter umfangreich enteignet wurden. Diese Güter sind zumeist noch heute in staatlichem Eigentum. Damals über nahmen die Landesherren als Ausgleich die Verpflichtung, die Besoldung und Versorgung der Pfarrer sicherzustellen. Es handelt sich also um eine Art von Pachtersatzleistungen. Der Staat kann diese Leistungen ablösen gegen eine angemessene Entschädigung. Da diese Ablösung allerdings eine erhebliche Einmalleistung seitens des Staates bedeuten würde, ist es bisher nicht dazu gekommen. Durch die Einführung der Kirchensteuer wurden die altrechtlichen Staatsleistungen nicht beseitigt, sondern die Mitgliedschaftsteuer trat neben die staatlichen Leistungen. Um beides nebeneinander zu rechtfertigen spricht man davon, dass der Staat die Gruppen seiner vielfältigen(„pluralen“) Gesellschaft in vielfältiger Weise fördere, um ihre Freiheit zu sichern.

2. Kostenerstattungen aus staatlichen Mitteln an die Kirchen für die Wahrnehmung öffentlicher Aufgaben („freiwillige Subventionierung“):

Dazu gehören beispielsweise der Betrieb von Kindergärten, Altenheimen oder Krankenhäusern. Diese Zuwendungen erhalten alle Wohlfahrtseinrichtungen, nicht nur Diakonie (evangelisch) und Caritas (katholisch), sondern auch zum Beispiel die Arbeiterwohlfahrt, das Rote Kreuz und die Freien Schulen! Die Kirche erhält für ihm sozialen Dienste nicht einen Cent mehr als alle anderen Träger auf diesem Felde.

Unser Sozialstaat beruht bekanntlich auf dem Subsidiaritätsprinzip, d. h. der Staat überlässt freien, also nichtstaatlichen Trägern diese Aufgaben und tritt nur in dem Fall ein, wenn ein freier Träger für eine bestimmte Aufgabe nicht gefunden wird. Die Verantwortung dafür liegt beim Staat, woraus sich natürlich die Pflicht zu staatlichen Finanzleistungen ergibt.
Kirchliche Kindergärten sollen mit 3,8 Milliarden Euro pro Jahr durch die öffentliche Hand finanziert sein. Die evangelische Kirche geht für ihren Bereich von deutlich weniger - etwa 1,3 Milliarden Euro - aus. Der Staat finanziert aber dabei doch nicht die Kirchen, sondern die Kinder! Die Kirchen erhalten diese Mittel nicht, weil sie Kirchen sind, sondern weil sie für die Gesellschaft eine Dienstleistung erbringen.
Die staatlichen Zuwendungen decken aber nur die laufenden Kosten. Aufwendungen der freien Träger für Investitionen, z. B. Renovierungen oder notwendiger Neubau von Gebäuden, werden nur anteilig vom Staat bezuschusst, in der Regel mit maximal 50 Prozent, das bedeutet erhebliche Lasten für die sozialen Dienste auch der Kirche.
Sie selber steuern für öffentliche Sozialeinrichtungen (Kindergärten, Altenheime, Krankenhäuser) von ihren eigenen Mitteln noch gut 20 Prozent bei, etwa fünf bis acht Prozent ihrer Kirchensteuereinnahmen. Täten sie es nicht, müsste der Staat selbst alle Kindergärten unterhalten. Auch zweckgebundene Zuschüsse zur Erhaltung besonderer Bau- und Kulturdenkmäler gehören zu dieser Gruppe.

3. Kostenübernahme im Bereich gemeinsamer Angelegenheiten von Staat und Kirche:
Hierzu gehören etwa der Religionsunterricht, die Seelsorge in der Bundeswehr, die Gefängnisseelsorge und Ähnliches. Die Kostenübernahme beruht darauf, dass der Staat Träger der betroffenen Anstalten und Einrichtungen ist und dort die Religionsfreiheit nach Artikel 4 beziehungsweise den Religionsunterricht als Teil des staatlichen Bildungsauftrages nach Artikel 7 des Grundgesetzes gewährleistet. Allerdings wird ein beträchtlicher Teil der dafür nötigen finanziellen Aufwendungen von den Kirchen selbst beigesteuert

Steuereinzug durch Finanzämter:
Die Kirchen sparen angeblich jährlich 1,8 Milliarden Euro, weil der Staat ihnen die Kirchensteuern eintreibt. Der Betrag ist nur vermutet, spielt aber auch gar keine Rolle. Denn die Kirchen vergüten den Kirchensteuereinzug mit zwei bis vier Prozent des Gesamtaufkommens der Kirchensteuer. Der Staat erhält deutlich mehr, als es ihn kostet, vor allem im Zeitalter der Computer. Für die Kirchen ist das in der Tat dennoch kostengünstig: Weil die Kirche ihre Ausgaben für Verwaltungszwecke gering halten will, bedient sie sich der staatlichen Dienstleistung. So kann sie so mehr Geld für ihre eigentlichen Aufgaben bereitstellen.

Das Finanzamt zieht die Beträge ein und überweist sie gesammelt an die Kirche. Das ist diskret und anonym. Die Kirche kann sich deshalb in der Regel bei niemandem gezielt bedanken. Andererseits kann auch niemand aufgrund seiner besonders hohen Kirchensteuerzahlungen besonderen Einfluss für sich reklamieren. Der Pfarrer weiß nicht, wer von seinen Leuten Kirchensteuer bezahlt, angeblich aus Datenschutzgründen. Die Kirche erhält nur vom Finanzamt die Gesamtsumme, aber keine Angaben, wer sie im Einzelnen aufgebracht hat.

Diese Praxis bringt Probleme: Man kann seinen Eintritt oder Wiedereintritt in die Kirche einfach dadurch erklären, dass man den Arbeitgeber bittet, bei der Meldung an das Finanzamt in dem entsprechenden Kästchen eine Konfession mit anzugeben. Arbeitgeber und Finanzamt prüfen diese Angabe nicht nach, gleichen sie nicht mit den Unterlagen der Kirche ab. Und wenn der Betreffende dann umzieht, erhält das Pfarramt von Einwohnermeldeamt nur die Mitteilung „Gemeindeglied zugezogen". Beim Austritt ist es nicht so einfach, da wird vom Finanzamt eine Austrittserklärung vor dem Amtsgericht verlangt. Aber auch wenn jemand vor dem Amtsgericht aus der Kirche ausgetreten ist, gehört er (steuerlich) wieder zur Kirche und kann deren „Dienstleistungen" in Anspruch nehmen, wenn er seine Bereitschaft zur Zahlung der Kirchensteuer erklärt.

Wie kam es zu dieser Kirchenfinanzierung?

Nach dem Ende des Ersten Weltkriegs trennte die Weimarer Verfassung Staat und Kirche. Der Staat wollte aber die damals schon bestehende vielfältige soziale Arbeit der Kirchen nicht gefährden und sorgte deshalb dafür, dass die Kirchen weiter über eigene, das heißt unabhängige und gesicherte Einkünfte verfügen. Diese Regelung ist im Grundgesetz für die Bundesrepublik Deutschland übernommen worden. Sie bildet die Basis für ein verlässliches Verhältnis von Staat und Kirche und ermöglicht den Kirchen ein weitgefächertes diakonisches Engagement für die Gesellschaft. Die Trennung von Staat und Kirche schließt nicht aus, dass Staat und Kirche in freier Partnerschaft auf bestimmten Gebieten zusammenarbeiten. Ein Beispiel dafür ist der Einzug der Kirchensteuer.

Hat die Kirchensteuer Zukunft?

Die Kirchensteuer, wie sie in Deutschland existiert, gibt es in anderen Ländern nicht. Allerdings finden sich in den Finanzierungssystemen der Kirchen in Skandinavien, der Schweiz und in Österreich Parallelen. In anderen Ländern sind die Kirchen ausschließlich auf Einnahmen aus Spenden und Kollekten angewiesen. Es gibt zudem Regelungen (etwa in Italien), in denen die Kirchen im Rahmen einer allgemeinen Kultur- oder Sozialsteuer finanziert werden.

Die reine Spenden- und Kollektenfinanzierung führt zu starken Schwankungen bei den Einnahmen und macht eine zuverlässige Planung schwierig. Zudem bewirkt sie ein starkes Gefälle zwischen finanzstarken und finanzschwachen Gemeinden.

Eine Finanzierung durch den Staat würde die Kirche abhängig machen und damit ihre besondere Bedeutung als eigenständige Kraft der Gesellschaft empfindlich schwächen. Das in Deutschland bestehende System vermeidet beide Nachteile.

Die Kirchensteuer

- bindet die Kirchen fest in die Gesellschaft ein
- macht die Kirchen vom Staat und vom Zugriff Einzelner unabhängig
- schafft die Grundlagen dafür, dass die Kirchen ein verlässlicher Partner sein können
- ist in der Praxis ihrer Erhebung ausgesprochen wirtschaftlich
- ermöglicht einen finanziellen Ausgleich zwischen „armen" und „reichen" Kirchengemeinden.

Weitere angebliche Sonderrechte der Kirche:

- Steuerfreiheit: Das kirchliche Grundstücks- und Kapitalvermögen wird auf mehrere hundert Milliarden Mark geschätzt, das Kapital-und Anlagevermögen der Katholischen Kirche auf 80 bis 100 Milliarden Mark, mit jährlichen Kapitaleinkünften in Höhe von rund 5 Milliarden Mark. Für diese Zuflüsse bezahlen die Kirchen keine Steuern; vielfach auch keine Gebühren und Kosten für öffentlich-rechtliche Leistungen.
- Theologische Ausbildung: Der Staat zahlt nicht nur die theologische Ausbildung an den Universitäten, sondern auch die Ausbildung für die Wirtschaft, für die Verwaltungen, für die Musiker, die Germanisten. Es ist eine staatliche Aufgabe, Bildung zu ermöglichen und zu finanzieren.
- Auslandsarbeit: Das zahlt der Staat doch nicht für die Kirchen, sondern er fördert die damit Maßnahmen wie Entwicklungshilfe oder Katastrophenhilfe. Es sind die Kirchen, die hier dem Staat helfen, seine internationalen Verpflichtungen zu erfüllen und die natürlich ebenfalls viel dazu beisteuern: allein die evangelische Kirche mit gut 50 Millionen Euro aus eigenen Mitteln, dazu kommen noch die gut 90 Millionen Euro Spenden von „Brot für die Welt".

Wer zahlt Kirchensteuer und wie wird sie berechnet?

Im Wesentlichen zahlen Arbeitnehmer mit eigenem Einkommen und Selbstständige Kirchensteuer. Keine Kirchensteuer zahlen in der Regel Schülerinnen und Schüler, Studierende, Rentnerinnen und Rentner sowie Personen mit geringem oder keinem zu versteuerndem Einkommen. Die Höhe der Kirchensteuer richtet sich nach dem Einkommen und den dafür zu zahlenden Steuern. Wer keine Einkommensteuer zahlt, zahlt auch keine Kirchensteuer. Das sind etwa zwei Drittel der rund eine Million Kirchenmitglieder der Evangelischen Kirche von Kurhessen-Waldeck.

Oder umgekehrt: Nur ein Drittel der Kirchenmitglieder verdienen so viel, dass sie Kirchensteuer zahlen. Die Kirchensteuer beträgt zur Zeit 9 Prozent der Einkommensteuer.

Um ein zu starkes Anwachsen der persönlichen Kirchensteuerbelastung zu vermeiden, besteht bei höheren Einkommen die Möglichkeit, auf Antrag die Kirchensteuer ab Veranlagungszeitraum 2004 auf 3,75 Prozent des gesamten zu versteuernden Einkommens zu begrenzen. Ein so genannter Kappungsantrag rechnet sich allerdings erst ab einem zu versteuernden Jahreseinkommen von 265.388 Euro bei Ledigen und 530.744 Euro für Verheiratete. In allen übrigen Fällen ist der normale Steuersatz günstiger.

Tatsächliche finanzielle Belastung:

Die Kirchensteuer vermindert sich jedoch um 30 bis 50 Prozent, weil sie als Sonderausgabe bei der Einkommensteuer-Erklärung vom Einkommen abgesetzt werden kann. Von nichtkirchlicher Seite wird das kritisiert, weil der Staat hier angeblich auf Einnahmen verzichtet. Aber dieses Geld bekommen natürlich nicht die Kirchen, sondern die Bürger: Sie zahlen weniger Steuern, weil sie die Kirchen unterstützen. Der Staat geht dabei davon aus, dass es der Gemeinschaft dient, wenn man die Kirche finanziell unterstützt. Genauso wie Spenden für gemeinnützige Organisationen bis 20 Prozent des Gesamtbetrages der Einkünfte steuermindernd geltend gemacht werden können, gilt das denn auch für die Kirchensteuer.

Wer zahlt wieviel?

Die Kirchensteuer orientiert sich an der finanziellen Leistungskraft des Einzelnen, denn sie richtet sich nach dem persönlichen Einkommensteuer-Tarif. Deshalb hier einige Beispiele:

1. Alleinerziehend, ein Kind bis 16 Jahre, Bruttoarbeitslohn: 17.500 Euro im Jahr. Abzüglich der Steuerfreibeträge zu versteuerndes Einkommen: 7.623 Euro. Kirchensteuer: 0,00 Euro
2. Single, Bruttoarbeitslohn: 36.000 Euro im Jahr: Abzüglich der Steuerfreibeträge zu versteuerndes Einkommen: 32.919 Euro. Kirchensteuer: 626 Euro. Abzüglich der Steuerersparnis durch Abzugsfähigkeit der Kirchensteuer als Sonderausgabe tatsächliche Kirchensteuer: 425 Euro
3. Familie, beide berufstätig, zwei Kinder, Bruttoarbeitslohn: 40.000 Euro im Jahr: Zu versteuerndes Einkommen abzüglich der Steuerfreibeträge: 23.678 Euro. Kirchensteuer: 0,00 Euro
4. Familie, beide berufstätig, zwei Kinder, Bruttoarbeitslohn: 60.000 Euro im Jahr: Zu versteuerndes Einkommen abzüglich der Steuerfreibeträge: 35.520 Euro. Kirchensteuer: 150 Euro. Tatsächlich gezahlte Kirchensteuer: 130 Euro.
5. Paar, einer berufstätig, keine Kinder, Bruttoarbeitslohn: 150.000 Euro im Jahr: Abzüglich der Steuerfreibeträge zu versteuerndes Einkommen: 144.882 Euro. Kirchensteuer: 4.276 Euro.
Tatsächlich gezahlte Kirchensteuer: 2.380 Euro.

Was ist, wenn Ehepartner nicht der gleichen Kirche angehören?

Wenn ein Partner evangelisch und ein anderer katholisch ist, wird die Kirchensteuer auf beide Kirchen verteilt.

Wenn der Partner, der das Familieneinkommen erarbeitet, keiner Kirche angehört, dann wird das besondere Kirchgeld erhoben, das jedoch erheblich niedriger als die Kirchensteuer ist. Es richtet sich nach der Höhe des Familieneinkommens. Das besondere Kirchgeld beträgt pro Jahr 96 Euro bei einem zu versteuernden Einkommen von 35.000 Euro und 540 Euro bei einem Einkommen von 75.000 Euro. Die Kirche folgt mit diesem Modell der Steuergesetzgebung. Die Familie leistet damit für den Teil einen Beitrag, der Mitglied der Kirche ist.

Früher gab es eine andere Regelung:

Wenn ein Ehepaar wie üblich bei der Einkommenssteuer das „Ehegattensplitting“ beantragt, dann wird das jeweilige Einkommen der Ehegatten zusammengezählt und dann geteilt und getrennt versteuert. Das ist für das Ehepaar günstiger, weil dann die „Steuerprogression“ gemindert wird und das Ehepaar insgesamt weniger bezahlt. Wenn aber ein Ehepartner einen Teil des Einkommens auf den anderen überträgt, dann muss sie sich auch gefallen lassen, dass dieser Teil des Einkommens auch zur Kirchensteuer herangezogen wird. Wenn ein Ehepartner nicht der Kirche angehört und eine Unterstützung der Kirche vermeiden will, dann muss er nur auf das „Ehegattensplitting“ verzichten, muss dann aber sehr viel mehr Einkommensteuer bezahlen

Wofür verwendet die Kirche ihr Geld?

Man kann sich aber davon überzeugen, dass die Finanzen der Kirche offen liegen. Nur wenige Organisationen sind, was ihr Einnahme- und Ausgabeverhalten betrifft, so transparent wie die Kirche. Jede Kirchengemeinde legt jährlich den Haushaltsplan und (anders als die Kommune) auch die fertige Kirchenrechnung aus.

In der Kirche arbeiten Menschen für Menschen. Die Evangelische Kirche von Kurhessen-Waldeck investiert über 70 Prozent der Einnahmen in ihre Mitarbeiterinnen und Mitarbeiter. Sie beschäftigt über 12.000 Menschen mit mindestens einer halben Stelle, die mit mehr als 38.000 Ehrenamtlichen zusammenarbeiten.

Die Evangelische Kirche von Kurhessen-Waldeck hat 2.500 Gebäude, die Raum für viele Veranstaltungen bieten. Darunter sind 1.200 Kirchen, von denen zwei Drittel unter Denkmalschutz stehen. Sie werden mit hohem finanziellen Aufwand erhalten. Für alle genannten Aufgaben benötigt die Kirche eine verlässliche Finanzquelle: die Kirchensteuer.

Der Kirchensteuerzahler kann aber nicht sagen: „Ich gebe mein Geld nur für einen bestimmten Zweck“ oder „Sollen die doch zahlen, die zum Gottesdienst gehen, denn ich mache die Kirche nicht dreckig!“ Für den rein kirchlichen Betrieb würden die Kollekten und Spenden schon reichen, nicht aber für die Gebäude und die umfangreichen sozialen Aufgaben.

Wer verfügt in der Kirche über das Geld?

Die Kirchensteuereinnahmen werden auf die Landeskirche, die Kirchenkreise und die Kirchengemeinden verteilt. Dabei geht den Kirchengemeinden für ihre Aufgaben als sogenannte Vorwegentnahme vorab bereits 50 Prozent der Einnahmen zu. Doch auch aus dem landeskirchlichen Teil kommt ein Großteil der Ausgaben den Kirchengemeinden zugute - etwa die Besoldung der Pfarrerinnen und Pfarrer. Über die Verteilung der Finanzen entscheiden die Kirchenvorstände, Kreissynoden und die Landessynode.

Ausgaben der Evangelischen Kirche von Kurhessen-Waldeck im Jahr 2004 in Prozent:

64 Prozent für Verkündigung, Seelsorge, Ökumene, gesellschaftliche Verantwortung, Diakonie, Öffentlichkeitsarbeit und Verwaltung

3 Prozent für Bildungswesen und Wissenschaft

26 Prozent für Altersversorgung

7 Prozent für Umlagen an die Evangelische Kirche Deutschland.

Was leisten Kirche und Diakonie für die Gesellschaft?

Die Kirche ist eine unabhängige Ansprechpartnerin für alle Menschen und Gruppen unserer Gesellschaft. In den aktuellen ethischen Diskussionen engagiert sie sich auf der Grundlage des christlichen Bekenntnisses. Die Kirche tritt für Frieden, Gerechtigkeit und Bewahrung der Schöpfung ein; sie trägt und unterhält vor Ort zahlreiche soziale Einrichtungen. Sie engagiert sich mit eigenen Mitteln, aber auch mit Spenden und Kollekten gegen die Not in der Welt. Die Kirche trägt zur Erhaltung des kulturellen Erbes bei, denn sie fördert die Musik, die bildende Kunst sowie die Architektur.

Wie wird die diakonische Arbeit der Kirche vom Staat mitfinanziert?

Die Fürsorge für seine Bürgerinnen und Bürger obliegt grundsätzlich dem Staat. In unserem Gemeinwesen übernimmt die Kirche ihrem Auftrag folgend mit zahlreichen Einrichtungen wesentliche soziale Aufgaben: etwa durch Kindertagesstätten, Krankenhäuser, Altenheime oder Beratungsstellen.

Diese Form der Aufgabenteilung ist für den Staat vorteilhaft: Sie ist bei hohem, staatlich vorgegebenem Niveau für die öffentliche Hand kostengünstiger. Die Finanzierung jedes einzelnen Projektes wird mit den zuständigen staatlichen Stellen verhandelt. Die kirchliche Beteiligung kann dabei von geringen eigenen Mitteln bis hin zur Übernahme von mehr als der Hälfte der Kosten reichen.

Schlussfolgerungen:
Die Kirchensteuer ermöglicht, den Auftrag der Kirche in der Welt aufrecht zu erhalten. Kirche ist Teil dieser Gesellschaft. Sie ist in ihr und für sie und ihre Bürger tätig. Und zumindest die Mehrheit dieser Gesellschaft will das auch so, es nützt ihr und es bringt dem Staat Vorteile, durchaus auch finanzielle. Unsere Gesellschaft lebt vom Tun der Vielen. „Subsidiarität" wird das genannt, ein Grundprinzip der Demokratie (aus einer Broschüre der Evangelischen Kirche von Kurhessen-Waldeck aus dem Jahre 2004).

Weitere Informationen zum Thema Kirche und Finanzen im Internet unter:
www.kirchenfinanzen.de

Printed by Books on Demand GmbH, Norderstedt / Germany